“十四五”全国统计规划教材

统计学原理（非统计专业用）学习指导与习题

（第二版）

朱 胜 主编 熊健益 副主编

中国统计出版社
China Statistics Press

图书在版编目(CIP)数据

统计学原理 ：学习指导与习题 ：非统计专业用 / 朱胜主编. — 2版. — 北京 ：中国统计出版社，2021.10(2021.12重印)

ISBN 978－7－5037－9524－4

Ⅰ. ①统… Ⅱ. ①朱… Ⅲ. ①统计学－高等学校－教学参考资料 Ⅳ. ①C8

中国版本图书馆CIP数据核字(2021)第121273号

统计学原理(非统计专业用)学习指导与习题(第二版)

作　　者/朱　胜　熊健益
责任编辑/徐　颖
封面设计/黄　晨
出版发行/中国统计出版社有限公司
通信地址/北京市丰台区西三环南路甲6号　邮政编号/100073
电　　话/邮购(010)63376909　书店(010)68783171
网　　址/http://www.zgtjcbs.com
印　　刷/河北鑫兆源印刷有限公司
经　　销/新华书店
开　　本/710×1000mm　1/16
字　　数/200千字
印　　张/12.75
版　　别/2021年10月第2版
版　　次/2021年12月第2次印刷
定　　价/39.00元

国家统计局
全国统计教材编审委员会第七届委员会

出版说明

教材之于教育，如行水之舟楫。统计教材建设是统计教育事业的重要基础工程，是统计教育的重要载体，起着传授统计知识、培育统计理念、涵养统计思维、指导统计实践的重要作用。

全国统计教材编审委员会（以下简称编委会）成立于1988年，是国家统计局领导下的全国统计教材建设工作的最高指导机构和咨询机构，承担着为建设中国统计教育大厦打桩架梁、布设龙骨的光荣而神圣的职责与使命。自编委会成立以来，共组织编写和出版了“七五”至“十三五”七轮全国统计规划教材，这些规划教材被全国各院校师生广泛使用，对中国统计教育事业作出了积极贡献。

党的十九届五中全会审议通过的《中共中央关于制定国民经济和社会发展第十四个五年规划和二〇三五年远景目标的建议》，为推进统计现代化改革指明了方向，提供了重要遵循。实现统计现代化，首先要提升统计专业素养，包括统计知识、统计观念和统计技能等方面要适应统计现代化建设需要，从而提出了统计教育和统计教材建设现代化的新任务新课题。编委会深入学习贯彻党的十九届五中全会精神，准确理解其精神内涵，围绕国家重大现实问题、基础问题和长远问题，加强顶层设计，扎实推进“十四五”全国统计规划教材建设。本轮规划教材组织编写和出版中重点把握以下方向：

1. 面向高等教育、职业教育、继续教育分层次着力打造全系列、成体系的统计教材优秀品牌。

2. 围绕统计教育事业新特点，组织编写适应新时代特色的高质量高水平的优秀统计规划教材。

3. 积极利用数据科学和互联网发展成果，推进统计教育教材融媒体发展，实现统计规划教材的立体化建设。

4. 组织优秀统计教材的版权引进和输出工作，推动编委会工作迈上新台阶。

5. 积极组织规划教材的编写、审查、修订、宣传评介和推广使用。

“十四五”期间，本着植根统计、服务统计的理念，编委会将不忘初心，牢记使命，充分利用优质资源，继续集中优势资源，大力支持统计教材发展，进一步推动统计教育、统计教学、统计教材建设，进一步加强理论联系实际，有序有效形成合力，继续创新性开展统计教材特别是规划教材的编写研究，为培养新一代统计人才献智献策、尽心尽力。

同时，编委会也诚邀广大统计专家学者和读者参与本轮规划教材的编写和评审，认真听取统计专家学者和读者的建议，组织编写出版好规划教材，使规划教材能够在以往的基础上，百尺竿头，更进一步，为我国统计教育事业作出更大贡献。

国家统计局

全国统计教材编审委员会

2021 年 9 月

第二版前言

本书首版自2009年出版以来，已印刷10次，受到读者朋友的喜爱与鼓励。我们和其他广大师生朋友在使用本书的过程中，进行了多次交流，发现很多值得改进的地方。为了答谢读者，提高统计学的教学水平，我们组织部分长期从事统计学教学并使用本书的教师进行了改版工作。

本次再版以首版为蓝本，考虑使用配套教材的教学方便，充分吸收读者朋友的宝贵意见，我们主要在以下三个方面做了努力，包括：

1. 知识的科学性。紧跟统计学的学科发展，特别注重学习指导部分语言描述的科学性；习题部分客观性问题的提问更加严密，慎重处理学术上有争议的问题，部分习题答案作了适当补充或更正。

2. 编排的规范性。书中公式编辑规范性、统一性增强，段落行距、习题空格部分大小更加合适，部分排版错误得到更正。

3. 数据的时效性。本书特别是习题部分的数据时间限定得到较大程度的更新，数据的选择更能反映我国近年来经济社会发展的巨大变化。

本书由成都信息工程大学朱胜教授主编，熊健益教授副主编。各章的编写人员是：朱胜编写第一章，陈增明（福建商学院）、范乔希（成都信息工程大学）编写第二章，朱胜、申广斯（成都信息工程大学）编写第三章，熊健益（成都信息工程大学）编写第四章，祁德军（湖南工学院）、李明（成都信息工程大学）编写第五章，刘晓华（山东工商学院）、丛日玉（成都信息工程大学）编写第六章，金明（成都信息工程大学）编写第七章，陈晓卫（成都信息工程大学）编写第八章，胡生军（成都信息工程大学）编写第九章，晏正春（成都信息工程大学）、丛日玉编写第十章，潘莉（成都信息工程大学）编写第十一章。本书编写过程中得到中国统计出版社与成都信息工程大学的大力支持，特别感谢！

作　者

2021年5月

第一版前言

为了满足高等院校《统计学原理》课程教学需要，配合《统计学原理》（非统计专业用）教材内容，我们编写了《统计学原理学习指导与习题》。

本学习指导按照《统计学原理》（非统计专业用）教材各章的顺序编写。在内容上，每章均包括内容提要、基本要求和练习题及参考答案等。遵照循序渐进的教学原则，各章练习题一般安排了填空题、单选题、多选题、判断题、问答题和计算题，有助于学生逐步理解统计学的基本理论和基本方法；同时有的放矢地加大了计算分析题的份量和力度，以利于提高学生分析问题、解决问题的能力。

本书可供高等院校各专业学生学习《统计学原理》使用，也可供统计在职人员及自学者学习参考。

《统计学原理学习指导与习题》由成都信息工程学院朱胜教授主编，熊健益副教授副主编。各章的编写人员是：朱胜编写第一、三章，陈增明（福建商业高等专科学院）编写第二章，熊健益编写第四章，祁德军（湖南工学院）编写第五章，刘晓华（山东工商学院）、丛日玉（成都信息工程学院）编写第六章，金明（成都信息工程学院）编写第七章，陈晓卫（成都信息工程学院）编写第八章，胡生军（成都信息工程学院）编写第九章，晏正春（成都信息工程学院）编写第十章，潘莉（成都信息工程学院）编写第十一章。

在本书的编写过程中得到了国家统计局统计教育中心和中国统计出版社的大力支持，也参考了一些同类教材和资料，在此一并表示衷心的感谢。

由于作者水平有限，本书存在的错误和疏漏之处在所难免，恳请读者批评指正。

朱　胜

2008 年 12 月

目　录

第一章
绪　论

内容提要

一、统计的含义

在不同的场合,"统计"一词可以有不同的含义。它可以指统计数据的搜集、整理和分析研究工作,即统计工作;也可以是指统计活动的成果,即统计资料;还可以指搜集、处理、分析研究统计数据的方法和理论,即统计学。这就是统计的三种含义。

统计三种含义的关系是:统计工作是统计实践活动,统计资料是统计工作的成果;统计学是统计实践经验的理论概括和深化,统计学形成以后,又反过来指导统计工作实践,它们是理论与实践的关系。

二、统计学的分科

按照统计方法的类型,可将统计学分为描述统计学和推断统计学;按照统计方法研究和统计方法应用的程度,可以将统计学分为理论统计学和应用统计学。

(一)描述统计学和推断统计学

描述统计学对统计总体的数量特征的表现及其变化加以记录、测量、计量和显示,并通过综合、概括和分析反映客观现象变动的规律性。描述统计学的内容包括统计数据的搜集方法、数据的加工处理和显示方法、数据分布特征的概括和分析方法等。

推断统计学研究的是如何根据样本数据去推断总体数量特征的方法,它是在对样本进行数量描述的基础上,对总体未知的数量特征做出概率形式表述的推断。

（二）理论统计学和应用统计学

统计学自身的发展，沿着两个不同的方向，形成理论统计学和应用统计学。

理论统计学是论述统计学基本理论、原理和统计方法的一门方法论的科学。它广泛地采用数理统计方法，集社会经济统计方法与数理统计方法之大成，既适用于社会经济现象的数量观察和研究，也适用于自然现象的数量观测和推断。

应用统计学论述的是如何从所研究的领域或专门问题出发，视研究对象的性质而采用适当的统计方法去解决实际问题。

三、统计学与其他学科的关系

统计学与数学都是研究数量关系和数量规律，现代统计学运用了大量的数学方法。统计学与数学有密切的联系，但两者存在本质的区别。

统计学是一门应用性很强的学科，同时由于几乎所有的学科都要研究和分析数据，因而，统计学与几乎所有的学科领域都有着或多或少的联系。这种联系表现为，统计方法可以帮助其他学科探索学科内在的数量规律性，而对这种数量规律性的解释并进而研究各学科内在的规律，只能由各学科的研究来完成。

四、统计的作用

统计是认识客观世界的手段，也是国家管理、企业事业管理和进行宣传教育的工具，还是科学研究的方法和对国民经济和社会发展实行有效监督的手段。

（一）统计是认识客观世界的工具；

（二）统计是实行科学管理的工具；

（三）统计是实行国家监督的重要手段；

（四）统计是科学研究的重要方法；

（五）统计是宣传教育的有效手段。

五、统计的产生和发展*

六、统计活动的国际惯例*

统计活动的国际惯例即世界各国的统计体系、统计范围、统计程序等方面一般的习惯做法或称统计活动规范。

七、统计学的基本范畴

(一)统计总体与总体单位

统计总体是依据一定的统计研究目的而确定的,所要研究对象的全体,它是由客观存在的、具有某种共同性质的多个个别事物所构成的整体,简称为总体。

总体单位是构成统计总体的各个个别事物。

统计总体必须同时具备下述特征:

1. 同质性
2. 差异性
3. 大量性
4. 客观性

按照总体单位数是否有限,统计总体可分为有限总体和无限总体。

(二)样本与样本单位

样本是从总体中抽出来,作为代表这一总体的部分单位组成的集合体。构成样本的每一个单位称为样本单位。

样本具有以下显著特点:

1. 样本单位必须取自总体的内部,不许总体外部单位参加;
2. 从一个总体可以抽取许多种样本;
3. 样本是总体的代表体;
4. 从总体中抽出样本进行调查,目的是对总体的数量特征进行推断。

(三)标志和变量

1. 标志及其表现

标志是说明总体单位特征的名称。如研究一个工业企业的工人状况时,该企业每个工人的姓名、性别、年龄、民族、文化程度、工龄、工资等,都是标志。

标志之后所表现出来的属性或数值叫标志表现。

根据标志表现的形态不同,标志可分为数量标志和品质标志。

根据一个特定总体中标志表现是否相同,还可将标志划分为不变标志和可变标志。

2. 变量及其取值

变量是可变的数量标志。变量所取的具体数值就是变量值(也称为标志值),因此,变量值是变量的具体表现,也就是可变的数量标志的不同取值。

变量按其取值是否连续可分为连续型变量和离散型变量。

(四)统计指标和指标体系

1. 统计指标

统计指标是说明客观现象总体数量特征的名称和具体数值的统一体。一个完整的统计指标由指标名称和指标数值两大部分组成。

统计指标的特点:(1)数量性;(2)综合性;(3)客观性;(4)具体性。

统计指标按其说明总体的内容不同,分为数量指标和质量指标。

2. 统计指标体系

统计指标体系,就是由若干相互联系的统计指标所组成的整体。

统计指标体系的表现形式有三种,一是通过和的联系形式表现出来的,二是通过积的联系形式表现出来的,三是因素关系的联系形式。

统计指标体系可分为两大类:基本统计指标体系和专题统计指标体系。

设置统计指标和指标体系应遵守科学性原则、目的性原则、统一性原则和可比性原则。

基本要求

一、学习要求

1. 掌握统计和统计学的概念;

2. 了解统计学的分科、统计学与其他学科的关系、统计产生和发展的历史过程、统计活动的国际惯例;

3. 理解统计的作用;

4. 掌握统计学的基本范畴。

二、学习重点

1. 统计的含义;

2. 统计学中基本范畴。

三、学习难点

1. 统计学的分科;

2. 统计学中各基本范畴的关系。

练 习 题

一、填空题

1. 政治算术派产生于______世纪资本主义的英国，代表人物是______，代表作是______。

2. 国势学派产生于______世纪的德国，创始人是______。

3. 数理统计学派的创始人是比利时学者______。

4. 按照统计方法的类型，可将统计学分为______和______。

5. 总体是由许多具有______的个别事物组成的整体；总体单位是______的组成单位。

6. 统计总体具有四个基本特征，即______，______，______和______。

7. 标志是说明总体单位特征的名称，按表现形式不同分为______和______两种。

8. 统计指标按其所说明的总体现象内容的不同，可分为______和______。

9. 指标与标志的主要区别在于：(1)指标是说明______特征的，而标志则是说明______特征的；(2)标志有不能用______表示的______与能用______表示的______，而指标都是能用______的。

10. 一个完整的统计工作过程可以划分为______、______、______、______四个阶段。

11. 样本是从______中抽出来，作为代表______的部分单位组成的集合体。

12. 推断统计学研究的是如何根据______去推断______的方法。

13. 统计学自身的发展，沿着两个不同的方向，形成______和______。

14. 数学研究的是______数量规律，而统计学则是研究______、______数量规律。

15. 统计指标是说明客观现象总体数量特征的______和

＿＿＿＿＿＿＿＿的统一体。

16. 理论统计学是以＿＿＿＿＿＿为中心建立统计方法体系，而应用统计学是以＿＿＿＿＿＿为中心应用统计方法分析和解决实际问题。

二、单项选择题

1. 统计总体的同质性是指（　　）。

A. 总体各单位具有某一共同的品质标志或数量标志
B. 总体各单位具有某一共同的品质标志属性或数量标志值
C. 总体各单位具有若干互不相同的品质标志或数量标志
D. 总体各单位具有若干互不相同的品质标志属性或数量标志值

2. 设某地区有 800 家独立核算的工业企业，要研究这些企业的产品生产情况，总体单位是（　　）。

A. 该地区全部工业企业
B. 每一家工业企业
C. 每一件产品
D. 800 家工业企业的全部工业产品生产情况

3. 要了解全国的人口情况，总体单位是（　　）。

A. 每个省的人　　B. 每一家庭户
C. 全国总人口　　D. 全国的每一个人

4. 有 200 家公司每位员工的工资资料，如果要调查这 200 家公司的工资水平情况，则统计总体为（　　）。

A. 这 200 家公司的全部员工　　B. 这 200 家公司
C. 这 200 家公司职工的全部工资　　D. 这 200 家公司每个职工的工资

5. 要了解某班 50 个学生的学习情况，则总体单位是（　　）。

A. 该班全体学生　　B. 该班全体学生的学习成绩
C. 该班的每一个学生　　D. 该班每一个学生的学习成绩

6. 设某地区有 60 家生产皮鞋的企业，要研究它们的产品生产情况，不能成为指标是（　　）。

A. 所有企业　　B. 企业数
C. 60 家企业的皮鞋总产量　　D. 所有企业生产的皮鞋的合格率

7. 一个统计总体（　　）。

A. 只能有一个标志　　B. 可以有多个标志
C. 只能有一个指标　　D. 可以有多个指标

8. 论述如何从所研究的领域或专门问题出发，视研究对象的性质而采用适当的统计方法去解决实际问题的统计学是(　　)。

A. 描述统计学　　B. 推断统计学

C. 理论统计学　　D. 应用统计学

9. 以产品等级来反映某种产品的质量，则该产品等级是(　　)。

A. 数量标志　　B. 数量指标

C. 品质标志　　D. 质量指标

10. 某工人月工资为2897元，月工资是(　　)。

A. 品质标志　　B. 数量标志

C. 变量值　　D. 指标

11. 在调查设计时，学校所有班级作为总体，每个班作为总体单位，各班学生人数是(　　)。

A. 变量　　B. 指标

C. 变量值　　D. 指标值

12. 某班四名学生金融学考试成绩分别为70分、80分、86分和95分，这四个数字是(　　)。

A. 标志　　B. 指标值

C. 指标　　D. 变量值

13. 年龄是(　　)。

A. 变量值　　B. 离散型变量

C. 连续型变量　　D. 指标名称

14. 工业企业的职工人数、职工工资是(　　)。

A. 连续型变量

B. 离散型变量

C. 前者是连续型变量，后者是离散型变量

D. 前者是离散型变量，后者是连续型变量

15. 质量指标是在数量指标基础上对总体内部数量关系和状况的反映。因此根据较大总体计算的质量指标与较小总体范围内计算的质量指标相比，前者(　　)。

A. 一定大于后者　　B. 一定等于后者

C. 一定小于后者　　D. 可能大于后者也可能小于后者

16. 数理统计学派的创始人是(　　)。

A. 康令　　B. 阿道夫·凯特勒

C. 高尔登　　D. 威廉·配第

17. 统计工作的成果是(　　)。

A. 统计学　　B. 统计工作

C. 统计资料　　D. 统计分析和预测

18. 统计学与统计工作的关系是(　　)。

A. 工作与结果的关系　　B. 理论与应用的关系

C. 工作与经验的关系　　D. 理论与实践的关系

19. 统计学自身的发展,沿着两个不同的方向,形成(　　)。

A. 描述统计学与理论统计学　　B. 理论统计学与推断统计学

C. 理论统计学与应用统计学　　D. 描述统计学与推断统计学

20. 对统计总体的数量特征的表现及其变化加以记录、测量、计量和显示,并通过综合、概括和分析反映客观现象变动规律性的统计学是(　　)。

A. 描述统计学　　B. 推断统计学

C. 理论统计学　　D. 应用统计学

21. 统计学是一门关于研究客观事物数量方面和数量关系的(　　)。

A. 应用型科学　　B. 自然科学

C. 方法论科学　　D. 实质性科学

三、多项选择题

1. 第五次全国人口普查中(　　)。

A. 全国人口数是统计总体

B. 总体单位是每一个人

C. 全部男性人口数是统计指标

D. 人口的性别比是总体的品质标志

E. 人的年龄是变量

2. 下列各项中,属于连续型变量的有(　　)。

A. 固定资产投资额　　B. 岛屿个数

C. 国民生产总值中三次产业比例　　D. 居民生活费用价格指数

E. 就业人口数

3. 下列指标中,属于数量指标的有(　　)。

A. 国民生产总值　　B. 人口密度

C. 全国总人口数　　D. 投资效果系数

E. 工程成本降低率

4. 下列标志中，属于品质标志的有（　　）。

A. 工资　　B. 所有制

C. 旷课次数　　D. 耕地面积

E. 产品质量

5. 统计一词包括基本含义有（　　）。

A. 统计学　　B. 统计理论

C. 统计方法　　D. 统计资料

E. 统计工作

6. 统计活动一般包括如下工作过程（　　）。

A. 统计数据搜集　　B. 统计数据整理

C. 统计指标的综合计算　　D. 统计分析

E. 统计资料服务

7. 要了解某市所有工业企业的产品情况，那么（　　）。

A. 总体单位是该市的每家工业企业

B. 总体单位是每件产品

C. 工业增加值是统计指标

D. 工业从业人员数是数量指标

E. 工业企业经济类型是标志

8. 总体、总体单位、标志、指标间的相互关系表现为（　　）。

A. 没有总体单位也就没有总体，总体单位也离不开总体而存在

B. 总体单位是标志的承担者

C. 统计指标的数值来源于标志

D. 指标是说明总体特征的，标志是说明总体单位特征的

E. 指标和标志都是能用数值表示的

9. 变量就是可以取不同值的量，变量的数值表现就是变量值，所以（　　）。

A. 各种数量标志和所有的统计指标都是变量

B. 变量不包括品质标志

C. 所有标志值和指标值都是变量值

D. 某个工业企业总产值 20 万元是个变量值

E. 某工业企业总产值 20 万元是个变量

10. 统计总体的特征有（　　）。

A. 同质性　　B. 差异性

C. 大量性　　D. 客观性

E. 数量性

11. 样本是从总体中抽出来,作为代表这一总体的部分单位组成的集合体,样本具有以下显著特点(　　　)。

A. 样本的单位必须取自总体的内部,不许总体外部单位参加

B. 从一个总体可以抽取许多种样本

C. 样本是总体的代表体

D. 从总体中抽出样本进行调查,目的是对总体的数量特征进行推断

E. 样本是总体的一个组成部分

12. 统计指标的特点(　　　)。

A. 数量性　　　　B. 综合性

C. 总体性　　　　D. 具体性

E. 客观性

13. 设置统计指标和指标体系的原则有(　　　)。

A. 科学性原则　　　　B. 目的性原则

C. 联系性原则　　　　D. 统一性原则

E. 可比性原则

14. 统计的作用有(　　　)。

A. 统计是认识客观世界的工具

B. 统计是实行科学管理的工具

C. 统计是科学研究的重要方法

D. 统计是实行国家监督的重要手段

E. 统计是宣传教育的有效手段

四、判断题

1. 统计学与统计工作是一种理论与应用的关系。(　　)

2. 总体的同质性是指总体中的各个单位在所有标志上都相同。(　　)

3. 总体的差异性是指总体单位必须具有一个或若干个可变的品质标志或数量标志。(　　)

4. 数量指标是由数量标志汇总来的,质量指标是由品质标志汇总来的。(　　)

5. 品质标志和质量指标一般不能用数值表示。(　　)

6. 所有的统计指标和可变的数量标志都是变量。(　　)

7. 社会经济现象都是有限总体。(　　)

8. 全国人口普查的总体单位是户。（ ）
9. 所有总体单位与总体之间都存在相互转换关系。（ ）
10. 统计学是一门方法论的科学。（ ）
11. 统计指标是客观事实的具体反映,不具有抽象性。（ ）
12. 品质标志不能转变为统计指标。（ ）
13. 统计指标及其数值可以当作总体。（ ）
14. 商品的价格在标志分类上属于数量标志。（ ）
15. 要了解一个企业的产品生产情况,总体单位是每一件产品。（ ）

五、简答题

1. 什么是统计？如何理解统计各种含义的关系？

2. 如何理解统计的作用？

3. 什么是统计总体？其基本特征是什么？

4. 试举例说明总体和总体单位之间的关系。

5. 举例说明标志和指标之间的关系。

6. 什么是统计指标和指标体系？统计指标的构成要素有哪些？它具有哪些特点？

7. 试在下列单位,分别找出你所熟悉的总体及其总体单位:

(1)某高等院校　　(2)某乡镇
(3)某医院　　(4)某城市
(5)某企业集团　　(6)某出版社

8. 指出下列总体单位的品质标志和数量标志(分别指出3个):

(1)大学生　　(2)大学教师
(3)电视机　　(4)影片
(5)宾馆　　(6)摩托车
(7)机车　　(8)工业

9. 试将下列标志区分为数量标志和质量标志:

(1)性别　　(2)教师类别
(3)民族　　(4)轮胎寿命
(5)GNP增长率　　(6)教育水平
(7)型号　　(8)功率
(9)人口增长率

10. 试将下列指标区分为数量指标和质量指标:

(1)GDP(国内生产总值)　　(2)销售收入
(3)人口数　　(4)投入产出比
(5)速动比率　　(6)人口密度

第二章
统计数据的搜集

内容提要

从使用者的角度看，统计数据主要来源于两种渠道：一是直接的调查和科学实验，这是统计数据的直接来源；二是别人调查或实验的数据，这是统计数据的间接来源。

一、统计直接调查

统计直接调查是统计数据的主要来源，常用的统计直接调查方式主要有普查、抽样调查、重点调查、典型调查、统计报表等。

（一）普查

普查是为某一特定目的而专门组织的一次性全面调查。它主要是用以搜集某些不能或不宜用定期的全面统计报表搜集的统计资料，目的是掌握客观现象总体的基本面貌，为国家制定有关政策或措施提供依据。

普查作为一种特殊的调查方式，具有以下几个特点：

第一，普查是不连续的定期调查；

第二，普查一般需要规定统一的标准时间；

第三，普查的数据一般比较准确，规范化程度也比较高；

第四，普查的使用范围比较狭窄，只能调查一些最基本及特定的现象。

（二）抽样调查

抽样调查是实际中应用最广泛的一种调查方法，这里指的是概率抽样，它是从调查对象中随机抽取一部分单位作为样本进行调查，并根据样本调查结果来推断总体数量特征的一种非全面调查。抽样调查具有以下几个特点：

1. 经济性；
2. 时效性强；
3. 适应面广；
4. 准确性高。

（三）重点调查

重点调查是指在调查对象中，只选择一部分重点单位进行的非全面调查。其中重点单位是指在所要调查的数量特征上占有较大比重的单位，即尽管这些单位在全部单位中只是一少部分，但它们在所研究现象的标志总量中却占有绝大部分的比重，在总体中具有举足轻重的作用。重点调查的特点主要表现在：第一，调查目的是了解事物总体的基本情况，不宜推断总体总量。第二，重点单位是依据客观存在的标准而确定的，选择的是某一标志的重点单位。组织重点调查的首要工作，是对重点单位的选择。当调查任务只要求掌握基本情况，而部分单位又能比较集中地反映研究的项目，采用重点调查比较适宜。

（四）典型调查

典型调查是根据调查的目的，在对研究的对象进行初步分析的基础上，有意识地选取若干具有代表性的单位进行调查和研究，借以认识事物发展变化的规律。

典型调查其本身的特点表现为：第一，典型单位的确定取决于调查者的主观认识。其次，典型调查可以对典型单位进行深入细致的深层次的调查。再次，通过划类选典，对典型单位进行调查，可以从数量上推算估计总体的有关总量资料。

典型调查大体可以分为两种：解剖麻雀式的典型调查和划类选典式的典型调查。

（五）统计报表

统计报表是按照国家有关法规的规定自上而下的统一布置，自下而上的逐级提供基本统计数据的一种调查方式。统计报表要以一定的原始记录为基础，按照统一的表式、统一的指标、统一的报送时间和报送程序进行填报。

统计报表的主要特点有：第一，报表资料的来源建立在基层单位的各种原始记录的基础上，基层单位也可以利用其资料对生产、经营活动进行监督管理。第二，由于统计报表是逐级上报和汇总的，各级领导部门能获得管辖范围内的报表资料，了解本地区、本部门的经济和社会发展情况。第三，由于统计报表属于经常性调查，调查项目相对稳定，有利于积累资料，并进行动态对比分析。

统计报表的类型多样。按调查范围不同，分为全面的和非全面的统计报表。按报送时间长短不同，统计报表分为日报、旬报、月报、季报、半年报和年报等。按报表内容和报送范围不同，统计报表可分为国家报表、部门报表和地方报表。

二、统计间接调查

间接调查的主要方法是文案调查法。文案调查法是指调查人员在了解调查的目的后，通过搜集多种有关的文献资料，摘取现成的数据加以整理、衔接、调整及融合，用归纳或演绎等方法予以分析，进而提出调查报告的调查方法。文案调查的对象是文书档案。

三、统计数据的搜集方法

数据搜集方法归纳起来可分为询问调查法、观察法和实验法等几大类。

(一)询问调查法。包括：

1. 访问调查

访问调查又称派员调查，它是调查者与被调查者通过面对面地交谈从而得到所需资料的调查方法。访问调查是应用最普遍的方法之一，不论是以个人或家庭为调查单位，还是以机关团体、企业为调查单位，往往都需要通过访问调查搜集资料。

2. 邮寄调查

邮寄调查是通过邮寄或其他方式将调查问卷送至被调查者，由被调查者填写，然后将问卷寄回或投放到指定搜集点的一种调查方法。

3. 电话调查

电话调查是调查人员利用电话同受访者进行语言交流，从而获得调查数据的一种调查方式。

4. 计算机辅助调查

计算机辅助调查也称为计算机辅助电话调查，是在电话调查时，调查的问卷、答案都由计算机显示，整个调查的过程，包括电话拨号，调查记录、数据处理等都借助于计算机来完成。

5. 座谈会

座谈会也称为集体访谈法，是将一组被调查者集中在调查现场，让他们对调查的主题发表意见，从而获取调查资料的方法。

6. 个别深度访问

深度访问是一种一次只有一名受访者参加的特殊的定性研究。

座谈会和个别深度访问属于定性方法，它通常围绕一个特定的主题取得有关定性资料。

（二）观察法

观察法是观察者深入现场或进入一定情境，运用感觉器官或借助科学仪器，直接或间接地观察调查对象，以获得调查资料的方法，它是一种可替代直接发问的方法。

（三）实验法

实验法是一种特殊的观察调查方法，它是在所设定的特殊实验场所、特殊状态下，对调查对象进行实验以取得所需资料的一种调查方法。

四、统计数据搜集方案

数据搜集方案又称调查方案，它是指导整个调查过程的纲领性文件，其内容主要包括以下几个方面：

（一）调查目的

调查目的是调查所要达到的具体目标。

（二）调查对象和调查单位

所谓调查对象是根据调查目的确定的调查研究总体。所谓调查单位是指所要调查的具体单位，即构成调查对象中的每一个单位，它是调查项目和标志的承担者或载体。在实际调查中还要区分调查单位和填报单位（报告单位）。

（三）调查项目和调查表

调查项目是调查的具体内容，它可以是调查单位的数量特征，也可以是调查单位某种属性或品质特征。

调查项目通常以表格的形式来体现，称为调查表，调查表一般有两种形式，一种是一览表，另一种是单一表。一览表是把许多调查单位填写在一份表上。单一表是每个调查单位填写一份。调查表一般由表头、表体和表外附加三部分组成。

在市场调查中，调查项目和调查表通常表现为一张调查问卷。调查问卷在结构上一般由开头部分、甄别部分、主体部分和背景部分组成。

（四）确定调查时间

统计调查时间包括两种含义，即调查时间和调查期限。

（五）其他内容

调查方案中还应明确所采用方法、调查组织和实施的具体细则。

五、统计数据的质量

（一）统计数据的质量要求

统计数据的质量包括多方面的含义，而不仅仅是指数据本身的准确性或误差的大小。就一般的统计数据而言，可将其质量评价标准概括为六个方面：(1)精度；(2)准确性；(3)关联性；(4)及时性；(5)一致性；(6)最低成本。

社会经济统计数据质量可以从信度和效度两个方面来衡量：

1. 统计数据的效度

统计数据的效度是指反映客观事物的统计指标是否有效。即统计数据要满足用户需要。影响效度的问题主要发生在统计设计阶段，即统计指标和指标体系、统计调查及其方案的设计中。

2. 统计数据的信度

统计数据的信度是指统计数据的可信程度，即数据的可靠性。

前面所提的统计数据的质量标准的六个方面，关联性、一致性和及时性反映的是效度问题，精度和精确性反映的是信度问题。当然。除了效度和信度，还要考虑节省费用、降低成本。

(二)误差来源

数据误差通常是指统计数据与客观现实之间的差距。误差按来源不同可分为登记性误差和代表性误差两类。

登记性误差是调查过程中由于调查者或被调查者的人为因素所造成的误差。

代表性误差主要是指在用样本数据进行推断时所产生的随机误差。

(三)误差控制

实际中从调查方案的制定、人员培训、完善各种计量测量仪器等方面来控制误差。

基本要求

一、学习要求

1. 掌握统计调查的概念、种类；
2. 掌握统计报表和四种专门调查的概念、特点、适用范围；
3. 了解各种数据搜集方法的特点、适用条件；
4. 掌握数据质量要求。

二、学习重点

1. 统计报表和四种专门调查；

2. 数据搜集方案的内容;
3. 数据的质量要求。

三、学习难点

1. 各种数据搜集方法的特点、适用条件;
2. 统计数据搜集方案的写法。

练　习　题

一、填空题

1. 常用的统计调查方式主要有______、______、______、______、______等。
2. 典型调查有两类:一是__________;二是__________。
3. 统计调查按调查对象包括的范围不同可分为__________、__________。
4. 确定调查对象时,还必须确定两种单位,即__________和__________。
5. 重点调查是在调查对象中选择一部分______进行调查的一种______调查。
6. 询问调查具体包括______、______、______、______、______、______等。
7. 访问调查的方式有__________、__________。
8. 邮寄调查的问卷发放方式有_________、_________、_________三种。
9. 根据观察者是否使用科学的观察仪器,观察可分为_______和_______。
10. 调查表一般由__________、__________和__________三部分组成。
11. 就一般的统计数据而言,其质量评价标准为__________、__________、__________、__________、__________、__________。

二、单项选择题

1. 某地区为了掌握该地区水泥生产的质量情况,拟对占该地区水泥总产量的80%的五个大型水泥厂的生产情况进行调查,这种调查方式是(　　)。

A. 普查　　B. 典型调查

C. 抽样调查　　D. 重点调查

2. 某灯泡厂为了掌握该厂产品的使用寿命,应选择(　　)。

A. 统计报表　　B. 重点调查

C. 全面调查　　D. 抽样调查

3. 人口普查规定统一的标准时间是为了(　　)。

A. 避免登记的重复与遗漏　　B. 确定调查的范围
C. 确定调查的单位　　D. 登记的方便

4. 以下哪种场合宜采用标准式访问(　　)。
A. 居民入户调查　　B. 座谈会
C. 当事人或知情者个别采访　　D. 观察法

5. 某地进行国有商业企业经营情况调查,则调查对象是(　　)。
A. 该地所有商业企业　　B. 该地所有国有商业企业
C. 该地每一国有商业企业　　D. 该地每一商业企业

6. 以下哪种调查的报告单位与调查单位是一致的(　　)。
A. 工业普查　　B. 工业设备调查
C. 职工调查　　D. 未安装设备调查

7. 统计调查所搜集的可以是原始资料,也可以是次级资料,原始资料与次级资料的关系是(　　)。
A. 原始资料来源于基层单位,次级资料来源于上级单位
B. 次级资料是由原始资料加工整理而成
C. 原始资料与次级资料之间无必然联系
D. 原始资料与次级资料没有区别

8. 调查项目通常以表的形式表示,称作调查表,一般可分为(　　)。
A. 单一表和复合表　　B. 单一表和一览表
C. 简单表和复合表　　D. 简单表和一览表

9. 通过调查大庆、胜利、辽河等油田,了解我国石油生产的基本情况。这种调查方式是(　　)。
A. 典型调查　　B. 重点调查
C. 抽样调查　　D. 普查

10. 统计调查的基本任务是取得原始统计资料,所谓原始统计资料是(　　)。
A. 统计部门掌握的资料
B. 对历史统计资料进行整理后取得的资料
C. 直接向调查单位进行登记所取得的资料
D. 统计年鉴或统计公报上发布的资料

11. 某市进行工业企业生产设备普查,要求在7月1日至7月10日全部调查完毕,则这一时间规定是(　　)。
A. 调查时间　　B. 调查期限
C. 标准时间　　D. 登记期限

12. 调查某市工业企业职工的工种、工龄、文化程度等情况(　　)。

A. 填报单位是每个职工

B. 调查单位是每个企业

C. 调查单位和填报单位都是企业

D. 调查单位是每个职工,填报单位是每个企业

三、多项选择题

1. 普查是一种(　　)。

A. 非全面调查　　B. 专门调查

C. 全面调查　　D. 一次性调查

E. 经常性调查

2. 某地对集市贸易个体户的偷漏税情况进行调查,1 月 5 日抽选 5%样本检查,5 月 1 日抽选 10%样本检查,这种调查是(　　)。

A. 非全面调查　　B. 一次性调查

C. 不定期性调查　　D. 定期性调查

E. 经常性调查

3. 邮寄问卷适用以下哪些调查对象(　　)。

A. 企业　　B. 机关团体

C. 个人　　D. 特定的群体

E. 所有的人群

4. 询问调查法有以下几种(　　)。

A. 访问调查　　B. 邮寄调查

C. 电话调查　　D. 计算机辅助调查

E. 观察法

5. 对于社会、经济和管理的统计研究而言,统计数据质量的衡量标准是(　　)。

A. 效度　　B. 及时性

C. 信度　　D. 一致性

E. 准确度

6. 非全面调查是指(　　)。

A. 普查　　B. 统计报表

C. 重点调查　　D. 典型调查

E. 抽样调查

7. 某市对全部工业企业生产设备的使用情况进行普查，则每一台设备是(　　)。

A. 调查单位　　B. 调查对象

C. 总体单位　　D. 填报单位

E. 报告单位

8. 根据调查的不同目的，实验法可分为(　　)。

A. 室内实验法　　B. 市场实验法

C. 研究性实验　　D. 应用性实验

E. 可靠性实验

9. 调查问卷在结构上一般由(　　)组成。

A. 开头部分　　B. 甄别部分

C. 主体部分　　D. 背景部分

E. 调查者简介部分

10. 下列各调查中，调查单位和填报单位一致的是(　　)。

A. 企业设备调查　　B. 人口普查

C. 工业企业普查　　D. 商业企业调查

E. 商品价格水平调查

四、判断题

1. 重点调查是在调查对象中选择一部分样本进行的一种全面调查。(　　)

2. 报告单位是指负责报告调查内容的单位。报告单位与调查单位有时一致，有时不一致，这要根据调查任务来确定。(　　)

3. 访问调查回答率较低，但其调查成本低。(　　)

4. 当调查对象分布区域较广时宜采用邮寄调查。(　　)

5. 电话调查的问题要明确且数量要少。(　　)

6. 抽样调查是一种随意性的非全面调查。(　　)

7. 观察法可获得大量真实的第一手资料，但要花费大量的人力、物力、财力和时间。(　　)

8. 实验法是一种特殊的观察法。(　　)

9. 一览表是指一份表格上只体现一个调查单位的情况表。(　　)

10. 表头是统计调查表的主体。(　　)

11. 统计数据的效度和信度的含义是一致的。(　　)

五、简答题

1. 统计数据的具体搜集方法有哪些?

2. 统计数据搜集方案包括哪几个方面的内容?请针对调查某产品销售情况,设计一个调查方案。

3. 什么是统计数据搜集的单一表和一览表?它们在什么情况下采用?

4. 试对普查、重点调查、抽样调查、典型调查、统计报表等几种调查方式进行比较。

5. 文案调查法的主要渠道有哪些?

6. 试述统计数据的质量要求与误差来源。

第三章
统计数据的整理和显示

内容提要

一、统计数据整理概述

（一）数据整理及其类型

统计数据整理就是对搜集得到的初始数据进行审核、分组、汇总，使之条理化、系统化，变成能反映总体特征的综合数据的工作过程。

统计数据整理的主要目的包括：

1. 去伪存真，去粗取精；
2. 分类排序，规则系统；
3. 分析研究，综合创新。

统计数据整理，是统计由对个别现象的认识上升到对总体现象认识的一个重要阶段，在统计研究工作中起着承先启后的作用，它既是数据搜集的继续和深化，又是数据分析的基础和前提。

根据数据搜集的方式和研究任务的不同，统计数据的整理可以分为下列三种：

1. 定期统计报表数据的整理
2. 专题性统计数据的整理
3. 历史统计数据的整理

（二）数据整理的原则和内容

1. 数据整理的原则

网络统计数据整理的基本原则主要有：标准性原则、系统性原则、准确性原则、及时性原则、通俗性原则。

2. 数据整理的流程和内容

统计数据整理的步骤与顺序取决于特定的调查方法，使用不同的调查方法取得的统计数据进行整理的步骤也可能会有差异。

统计数据加工处理的基本内容包括：统计数据的筛选和判别、统计信息的排序和分类、统计数据的计算和研究、统计数据的编目和组织。

（三）数据的预处理

数据的预处理是数据整理先行步骤，它是在对数据分类或分组之前对原始数据和第二手数据所做的必要处理，包括对数据的审核、订正和排序等。

1. 数据的审核

在对统计数据进行汇总整理前，先要进行严格的审核，这是数据整理的重要一环，涉及整个汇总工作的质量。数据审核的内容包括数据的准确性、及时性、完整性和适用性等四个方面。

2. 数据的订正

对审核过程中发现的迟报、漏报及计算错误，应及时催报、补报、改正，并针对不同的错误做出不同的处理。

3. 数据的排序

统计数据排序就是按照一定的顺序将统计数据进行排列，以便初步显示数据的一些特征和规律，为研究者找到解决问题的线索。排序后的数据称为顺序统计量。

二、统计数据分组

（一）统计数据分组的含义

统计数据分组是指根据统计研究的目的和要求，将总体单位或全部数据按照一定的标志划分成若干个类型或组，使组内的差异尽可能小，组间的差别尽可能明显，从而使大量无序的、混沌的数据变为有序的、反映总体特征的综合资料。

（二）统计数据分组的类型

统计数据分组的类型多种多样，从不同的角度可以分为不同的种类。

1. 属性分组和变量分组

属性分组是按照反映事物属性的品质标志来进行的分组。

变量分组是指按照数量标志进行的分组。

2. 简单分组、复合分组和分组体系

所谓简单分组，就是将总体按一个标志进行分组。这种分组能从某一方面说明总体特征。

复合分组，是按照两个或两个以上的标志对总体加以层叠的分组。所谓层叠的分组，是指在前一次分组结果的内部再进行下一次分组。

分组体系是指运用多个分组标志对总体进行分组，形成一系列相互联系、相互补充的有机整体。分为平行分组体系和复合分组体系。

（三）统计数据分组的原则和方法

1.统计数据分组的原则

数据分组应遵守穷尽原则、互斥原则。

2.分组标志的选择

分组标志就是统计数据分组时所依据的标志。正确选择分组标志是数据分组的关键问题。正确选择分组标志应从对客观事物的定性认识出发，力求选择与统计研究目的有密切关系，并能说明事物本质特征的标志作为分组标志。

3.分组界限的划分

按属性分组时，确定组限有两种情况。第一种情况，组限是自然形成的或比较明显的。第二种情况，由于存在着属性之间的过渡形式，使分组界限难以确定。在实际统计工作中，这种比较复杂的属性分组，国家有关部门都制定有标准的分类目录，对各种分组界限均有详细的规定与说明，分组时可以依据分类目录来确定。变量分组时要注意数量界限能够反映各组之间质的差异。

（四）国民经济统计中的常用分类

1. 经济成分分类

2. 登记注册类型分类

3. 三次产业分类

4. 国民经济行业分类

5. 机构部门分类

（五）统计数据分组的应用

1. 应用数据分组划分现象的类型

2. 应用分组数据反映现象的内部结构

3. 应用数据分组研究现象之间的依存关系

三、频数分布

（一）频数分布及其种类

在分组的基础上，把所有数据或总体单位按组归并、排列，形成所有数据或总体各单位在各组间的分布，称为频数分布，又称为分布数列。

1. 品质频数分布

品质频数分布,又称为品质数列,它是经过属性分组后形成的频数分布,其组别表现为一系列的概念或范畴。

2. 变量频数分布

变量频数分布,又称为变量数列,它是经过变量分组后形成的分布数列,其组别表现为不同的数值或数域。

(1)单项数列

单项数列是以一个变量值为一组编制的变量频数分布。

(2)组距数列

组距数列是以表示一定变动范围的两个变量值构成的组所编制的变量频数分布。

当变量值种数较多,变量值的变动范围较大时,编制单项数列会使分组过多,总体单位的分布过于分散,不便于分析问题,这时应当采用组距数列。

在组距数列中,每一组的起点数值为组的下限,终点数值为组的上限。组距就是上限与下限的距离。而各组中点位置上的变量值叫组中值,它是各组的代表值。

在组距数列中,如果各组的组距都相等,叫等距数列;反之,如各组的组距不完全相等,叫异距数列或不等距数列。

(二)累计频数和累计频率

累计频数和累计频率,是将变量频数分布中各组频数或频率依次累加而得到的各组频数或频率。累计的方法有两种:向上累计和向下累计。

(三)频数分布的编制

1. 品质频数分布的编制

编制品质数列,首先应按品质标志对总体作属性分组,划分各组界限。分组确定后,再汇总各组单位数,并编成统计表,即得品质数列。

2. 变量频数分布的编制

在编制变量频数分布时,带有较大的主观随意性,使变量频数分布的编制变得困难。

(1)单项数列的编制

对于离散型变量,如果变量值的种类较少(一般不超过 15 种)且变量的变动范围不大时,可编制单项数列。编制单项数列时,首先应将各种变量值按大小顺序排列,然后计算各变量值的频数和频率,最后将上述结果以表格的形式表现。

(2)组距数列的编制

离散型变量，若变动幅度较大，变量值的种类较多，则宜编成组距数列；连续型变量其可取值难以一一列出，只能编制组距数列。其编制过程为：

将原始数据按大小顺序排列，并确定最大值、最小值和全距 R；

确定组距数列的类型；

确定组数和组距；

确定组限和组限的表示法；

从最小组起依次排列，并分别计算各组频数和其他有关指标，形成分组的统计表。

（四）频数分布的类型

常见的频数分布类型有：

1. 对称分布型

2. 偏态分布型

3. U 形分布

4. J 形分布

四、统计数据的显示

（一）统计表

1. 统计表的结构

统计表是以纵横交叉的线条组成的表格来表现统计数据的一种形式。或者说统计表是用来反映统计数据的一种表格，例如调查表、整理表、数据积累表、分析表等。

统计表从形式上看，由总标题、横行标题（横标目）、纵栏标题（纵标目）和数字资料（指标数值）四部分组成。

从内容上看，统计表由主词和宾词两部分构成。

2. 统计表的种类

按用途不同，广义的统计表可分为调查表、整理表和分析表。

按主词是否分组和分组的情况，统计表可分为简单表、分组表和复合表。

3. 统计表的设计原则和方法

由于使用者的目的以及统计数据的特点不同，统计表的设计在形式和内容、结构上会有较大的差异，但设计上的基本要求和原则是一致的。总体来看，统计表的设计应符合科学、实用、简练、醒目、美观的原则。

（1）统计表表式设计

（2）统计表内容设计

（二）统计图（略）

基本要求

一、学习要求

1. 了解数据整理的概念、类型、原则和基本内容；
2. 理解数据预处理的方法；
3. 弄清统计数据分组的概念、类型；
4. 掌握统计数据分组的原则、方法和应用；
5. 了解国民经济中的常用分组；
6. 掌握频数分布的概念、种类和编制方法；
7. 了解频数分布的类型，累计频数和累计频率的计算；
8. 掌握统计表的概念、结构、编制方法。

二、学习重点

1. 统计数据分组的原则和方法；
2. 频数分布的概念、种类和编制方法；
3. 统计表的结构和编制方法。

三、学习难点

1. 统计数据分组的方法；
2. 频数分布的编制方法。

练 习 题

一、填空题

1. 统计数据分组的关键在于__________。

2. 一般说来，统计分组用于三方面：（1）__________；（2）__________；（3）__________。

3. 根据分组标志的不同，统计分组可以有__________分组和__________分组。

4. 按每个变量值分别列组所编制的变量分布数列叫____________,其组数等于____________。

5. 在组距式数列中,表示各组界限的变量值叫____________。各组中点位置上的变量值叫____________。

6. 组距式变量数列,根据各组的组距是否相等可以分为________和________。

7. 已知一个变量数列最后一组的下限为900,其邻组的组中值为850,则最后一组的上限和组中值分别为______________和______________。

8. 统计资料的表现形式主要有_______________和________________。

9. 从形式上看,统计表主要由_______________、__________________、__________________和________________四部分组成;从内容上看,统计表由____________和____________两部分组成。

10. 统计数据整理就是对搜集得到的__________进行审核、分组、汇总,使之条理化、系统化,变成能反映总体特征的__________的工作过程。

11. 数据的预处理是数据整理先行步骤,它是在对数据分类或分组之前对__________和__________所做的必要处理,包括对数据的__________、__________和__________。

12. 直方图是用__________的宽度和高度来表示频数分布的图形。

13. 雷达图是一种__________的图示方法。

二、单项选择题

1. 统计分组的关键问题是(   )。

   A. 正确选择分组标志　　B. 确定组距和组数

   C. 确定组距和组中值　　D. 确定全距和组距

2. 为了反映我国经济中所有制成分的构成情况需要进行(   )。

   A. 经济成分分类　　B. 登记注册类型分类

   C. 三次产业分类　　D. 国民经济行业分类

3. 按品质标志分组,分组界限的确定有时会发生困难,这是由于(   )。

   A. 组数较多　　B. 标志变异不明显

   C. 两种性质变异间存在过渡形态　　D. 分组有粗有细

4. 某连续变量数列,其末组为开口组,下限为200,又知其邻组的组中值为170,则末组组中值为(   )。

   A. 260　　B. 215

C. 230　　D. 185

5. 下列分组中按品质标志分组的是(　　)。

A. 人口按年龄分组　　B. 产品按质量优劣分组

C. 企业按固定资产原值分组　　D. 乡镇按工业产值分组

6. 对企业先按经济类型分组,再按企业规模分组,这样的分组,属于(　　)。

A. 简单分组　　B. 平行分组

C. 复合分组　　D. 分组体系

7. 用组中值代表各组内的一般水平的假定条件是(　　)。

A. 各组的次数均相等　　B. 各组的组距均相等

C. 各组的变量值均相等　　D. 各组次数在本组内呈均匀分布

8. 对统计总体按两个及以上标志分组后形成的统计表叫(　　)。

A. 简单表　　B. 简单分组表

C. 复合分组表　　D. 汇总表

9. 对某地区的全部商业企业按实现的销售额多少进行分组,这种分组属于(　　)。

A. 变量分组　　B. 属性分组

C. 分组体系　　D. 复合分组

10. 在频数分布中,频率是指(　　)。

A. 各组频数之比　　B. 各组频率之比

C. 各组频数与总频数之比　　D. 各组频数与各组次数之比

11. 频数分布用来表明(　　)。

A. 总体单位在各组的分布状况　　B. 各组变量值构成情况

C. 各组标志值分布情况　　D. 各组变量值的变动程度

12. 在分组时,若有某单位的变量值正好等于某组的下限时,一般应将其归在(　　)。

A. 上限所在组　　B. 下限所在组

C. 任意一组均可　　D. 另设新组

13. 在编制组距数列时,当全距不变的情况下,组距与组数的关系是(　　)。

A. 正比例关系　　B. 反比例关系

C. 乘积关系　　D. 毫无关系

14. 统计表的宾词是用来说明总体特征的(　　)。

A. 标志　　B. 总体单位

C. 统计指标　　D. 统计对象

15. 统计表的主词是统计表所要说明的对象，一般排在统计表的(　　)。
A. 左方　　B. 上端中部
C. 右方　　D. 下方
16. 用组中值与次数求坐标点连接而成的统计图是(　　)。
A. 直方图　　B. 条形图
C. 曲线图　　D. 折线图
17. 按字母的顺序或笔画数的多少顺序排序的统计数据一般是(　　)。
A. 定类型数据　　B. 定距数据
C. 定比数据　　D. 定序数据
18. 多指标的图示方法是(　　)。
A. 直方图　　B. 条形图
C. 环行图　　D. 雷达图
19. 变量数列的构成要素是(　　)。
A. 分组标志和指标　　B. 分组标志和次数
C. 数量分组标志数值和频数　　D. 品质分组标志属性和频数
20. 下列哪一种资料，适合编制单项数列(　　)。
A. 连续型变量且各变量值变动比较均匀
B. 离散型变量且变量值的种类数较少
C. 连续型变量且各变量值变动幅度较大
D. 离散型变量且各变量值变动幅度较大
21. 某组向上累计次数表示(　　)。
A. 大于该组上限的次数有多少
B. 大于该组下限的次数有多少
C. 小于该组上限的次数有多少
D. 小于该组下限的次数有多少

三、多项选择题

1. 统计分组的主要应用有(　　)。
A. 区分现象的类型　　B. 反映现象总体的内部结构
C. 比较现象间的一般水平　　D. 分析现象的变化关系
E. 研究现象之间的数量依存关系
2. 指出下表表示的分布数列所属的类型(　　)。

按劳动生产率分组(件/人)	职工人数(人)
50～60	10
60～70	20
70～80	26
80～90	17
90 以上	6
总　和	79

A. 品质数列　　B. 变量数列
C. 分组数列　　D. 组距数列
E. 等距数列

3. 指出下列分组哪些是属性分组(　　)。
A. 人口按性别分组　　B. 企业按产值多少分组
C. 家庭按收入水平分组　　D. 在业人口按文化程度分组
E. 宾馆按星级分组

4. 对统计数据准确性审核的方法有(　　)。
A. 计算检查　　B. 逻辑检查
C. 时间检查　　D. 调查检查
E. 平衡检查

5. 统计数据的预处理,包括(　　)。
A. 数据分类　　B. 数据筛选
C. 数据审核　　D. 数据订正
E. 数据排序

6. 从形式上看,统计表由哪些部分构成(　　)。
A. 总标题　　B. 主词
C. 纵栏标题　　D. 横行标题
E. 宾词

7. 按主词是否分组,统计表可分为(　　)。
A. 单一表　　B. 简单表
C. 分组表　　D. 复合表
E. 综合表

8. 统计数据的审核主要是审核数据的(　　)。
A. 准确性　　B. 及时性

C. 完整性　　D. 适用性

E. 代表性

9. 统计数据整理的内容一般有(　　)。

A. 对原始数据进行预处理　　B. 对统计数据进行分组

C. 对统计数据进行汇总　　D. 对统计数据进行分析

E. 编制统计表、绘制统计图

10. 国民经济中常用的统计分组有(　　)。

A. 经济成分分组　　B. 登记注册类型分组

C. 国民经济行业分类　　D. 三次产业分类

E. 机构部门分类

11. 某厂 100 名工人按工资额分为 800 以下、800～1000、1000～1200、1200～1400、1400 以上等五个组。这一分组(　　)。

A. 是等距分组　　B. 分组标志是连续型变量

C. 末组组中值为 1500　　D. 相邻的组限是重叠的

E. 某职工工资 1000 元,应计在"800～1000"元组内

12. 变量数列中频率应满足的条件是(　　)。

A. 各组频率大于 1　　B. 各组频率大于 0

C. 各组频率之和等于 1　　D. 各组频率之和小于 1

E. 各组频率之和大于 0

四、判断题

1. 统计数据整理就是对原始资料的整理。(　　)

2. 能够对统计总体进行分组,是由统计总体中各个单位所具有的差异性特点所决定的。(　　)

3. 统计分组的关键是正确选择分组标志。(　　)

4. 简单分组涉及总体的某一个标志,复合分组则涉及总体两个以上标志,因此,将两个简单分组排列起来,就是复合分组。(　　)

5. 单项式频数分布的组数等于变量所包含的变量值的种数。(　　)

6. 凡是分组表都是次数分布表。(　　)

7. 根据产业部门的发展顺序和层次可将国民经济部门分为三次产业。(　　)

8. 异距数列是各组组距不完全相等的组距数列。(　　)

9. 统计表的主词是说明总体的各种指标。(　　)

10. 品质分布数列是一种单项数列。(　　)

11. 数据的准确性是数据审核的重点。 ( )

12. 统计表是表达统计数据整理结果的唯一形式。 ( )

13. 年代都是以数字表示的,所以按年代排列各种指标属于按数量标志分组。 ( )

14. 统计数据的整理就是对统计报表数据的整理。 ( )

15. 圆形图是以圆的面积或圆内各扇形的面积来表示数值大小或总体内部结构的一种图形。 ( )

16. 绘制圆形结构图的关键是正确计算各扇形的面积。 ( )

五、简答题

1. 什么是统计数据整理?简述统计数据整理的原则和步骤。

2. 统计数据分组的原则和方法是什么?

3. 统计分组的关键是什么?怎样正确选择分组标志?

4. 简要说明单项数列、组距数列的适用范围。

5. 编制组距数列时怎样确定组数和组距?

六、计算题

1. 有一个班学生的考试成绩如下：

89 88 76 99 74 60 82 60 93 99 94 82 77 79 97 78
87 84 79 65 98 67 59 72 56 81 77 73 65 66 83 63
89 86 95 92 84 85 79 70

学校规定：60 分以下不及格；60～75 分为中；76～89 分为良；90～100 分为优。试把该班学生分为不及格、中、良、优四组，编制一张次数分布表。

2. 某班学生统计学原理考试成绩次数分布如下表。

考分	人数	比率	向上累计		向下累计	
			人数(人)	比率(%)	人数(人)	比率(%)
60 以下	2					
60～70	7					
70～80	11					
80～90	12					
90 以上	8					
合计	40					

要求：根据上表资料，计算相应的数字，填入表中空格，并说明各指标的意义。

3. 某公司所属 20 家企业某月工业增加值资料如下：

企业编号	工业增加值	企业编号	工业增加值
A	46	K	24
B	68	L	78
C	118	M	92
D	33	N	57
E	79	O	40
F	50	P	60
G	89	Q	72
H	27	R	58
I	127	S	66
J	99	T	74

要求：进行汇总，编制组距数列。

4. 对下面职工家庭基本情况调查表中的答复进行逻辑检查，找出相互矛盾的地方，并进行修改。

职工家庭基本情况调查表

（2001 年第二季度）

姓名	性别	年龄	与被调查者的关系	工作单位	参加工作年月	职务或工种	固定工或临时工	级别
刘 盛	男	42	被调查者本人	长城机电公司	1973-7	干部	临时	20
陈心华	女	40	夫妻	市第一针织厂	1975-4	工人	固定	5
刘淑影	女	18	长女	待业青年	1999	无	临时	2
刘平路	男	16	长子	医学院	2000	学生	无	无

第四章
规模和比率的度量

内容提要

一、统计绝对数

（一）统计绝对数及其分类

统计绝对数是反映在一定时间、空间条件下某种现象的总体规模、总水平或总成果的统计指标，又称为总量指标。绝对数也可以表现为现象总量之间的绝对差额，即增加量或减少量。

1. 统计绝对数按其反映的总体内容不同可分为总体单位总数和总体标志值总数。

总体单位总数是指一个总体中所包含的总体单位的个数，表示总体本身规模的大小。总体标志值总数是指总体中各单位某一数量标志值的总和。

2. 统计绝对数按其反映的时间状况不同可分为时期数和时点数。

时期数是反映总体在某一段时间内连续变化过程中达到的总数量。时点数是反映总体在某一时刻（瞬间）上所存在的总数量。

3. 按计量单位不同分为实物指标、价值指标和劳动指标。

实物指标是以实物单位来表示的统计绝对数。实物单位是根据事物的自然属性和特点而采用的计量单位，包括自然单位、度量衡单位、标准实物单位、多重单位与复合单位。实物指标给人以明确的使用价值概念，但其综合性能较差，不同使用价值的实物量不能加总。

价值指标是以货币单位来计量的统计绝对数。价值指标具有广泛的综合性和概括性。

劳动指标是以劳动量单位来表示的统计绝对数。劳动量单位是用劳动时间表示的计量单位，也是一种复合单位。劳动量单位一般用来计算劳动总消耗量，也可计量劳动的总成果。

（二）绝对数的统计方法

绝对数是对客观现象总量的度量。常用的绝对数统计方法有直接计量法、推算与估算法、主观评定法等。

（三）统计绝对数的应用

绝对数可以用来反映一个国家的基本国情国力，反映一个地区、一个部门或一个单位的人力、物力和财力，是人们对客观事物认识的起点；绝对数可以用来作为制定政策、制定计划和实行科学管理的基本依据；绝对数可以用来研究客观现象的数量表现及其发展的变化趋势；统计绝对数是计算统计相对数和平均数的基础。

二、统计相对数

（一）统计相对数及其计量形式

相对数是两个有联系的指标数值的比率，反映现象的相对数量特征。

相对数的计量形式包括名数和无名数。无名数是一种抽象值，是把对比的分母指标抽象成 1、10、100 或 1000 等，用系数、倍数、成数、百分数、千分数等表示。名数是把对比的两指标的不同计量单位对比后作为相对数的计量单位。

（二）几种主要的统计相对数

1. 计划完成相对数

计划完成相对数是经济现象在某一时间、某类指标的实际完成数与计划完成数对比，反映计划完成的程度，通常用百分数表示。其基本计算公式为：

$$\text{计划完成相对数}=\frac{\text{实际完成数}}{\text{计划完成数}}\times 100\%$$

计划指标用相对数表示，一般是以本期比上期数量增加或减少的百分数下达任务，适于考核经济现象的增长率、降低率指标的计划完成情况。

当以增长率、降低率等形式作为计划指标时，计划完成相对数的具体计算公式为：

$$\text{计划完成相对数}=\frac{1+\text{实际增长率}}{1+\text{计划增长率}}\times 100\%$$

$$\text{计划完成相对数}=\frac{1-\text{实际降低率}}{1-\text{计划降低率}}\times 100\%$$

检查计划执行的进展情况，可将计划期初到检查时为止的实际完成数与整个计划期的计划任务数对比，计算计划执行进度指标，即

$$计划执行进度=\frac{实际累计完成数}{全期计划数}\times 100\%$$

在分析长期计划（如五年规划）的执行情况时，有的计划数是规定计划期末应达到的水平，有的计划数是按计划全期应完成的总数规定的，根据计划任务所属的时间范围不同，有两种不同的检查计划完成方法：一种叫水平法，一种叫累计法。

2. 结构相对数

结构相对数是在分组的基础上，将分组指标与总体指标对比，反映总体部分数值占总体全部数值的比重，常用百分数表示。总体各部分所占比重之和等于100%或1。计算公式如下：

$$结构相对数=\frac{部分数值}{总体数值}\times 100\%$$

该公式的分子、分母指标必须是同一总体的部分标志值总数与总体标志值总数的比，或是部分单位总数与总体单位总数的比。

结构相对数可以反映事物构成特征，反映事物构成变化规律，反映事物的质量特征和利用程度。

3. 比例相对数

比例相对数是反映总体中各组成部分之间数量联系程度、协调平衡状况及比例关系的相对指标。其计算公式为：

$$比例相对数=\frac{某部分数量}{另一部分数量}$$

式中：分子、分母为同一总体内不同部分的数量。根据研究问题的角度不同两者可以交换位置，以说明比较对比的基础指标发生了变化。

比例相对数可以反映事物构成特征，反映事物协调平衡关系。

4. 比较相对数

比较相对数可用来反映同类现象数量特征在不同空间条件下静态对比关系，是不同空间同一时间上同类指标对比的结果。比较相对数的计算公式为：

$$比较相对数=\frac{甲单位某指标}{乙单位同类指标}$$

根据分析研究的目的不同，既可用于不同国家、地区、基层单位间的比较，也可用于先进与落后的比较，还可以把标准水平、平均水平作为对比的基数。通过对比来反映事物间规模、比率的差异程度，进而有利于总结经验、发扬成绩或者找出差距、采取措施。

5. 强度相对数

强度相对数是两个性质不同而有联系的统计绝对数之比，说明一种现象在另一现象中的强度、密度和普遍程度。其计算公式为：

$$\text{强度相对数}=\frac{\text{某一统计绝对数}}{\text{另一性质不同有联系的绝对数}}$$

强度相对数可以反映客观事物发展的基本状况和质量，反映现象发展水平之间的差距。

6. 动态相对数

动态相对数是同一现象的同类指标在不同时间状态的对比，反映其发展变动方向和变动程度。通常我们把所要研究时间的指标称为报告期水平，把作为对比基础时间的指标称为基期水平，计算公式如下：

$$\text{动态相对数}=\frac{\text{报告期水平}}{\text{基期水平}}$$

动态相对数可以反映现象变动方向及变动程度，反映现象变动过程及变动规律。

（三）统计相对数的运用

根据指标之间的关系不同，相对数代表着不同的实际含义，可以应用于对客观事物作出相对准确的统计分析。利用相对数深化对客观事物的认识，使本来不可比的现象成为可比。

计算和应用统计相对数时应遵循可比性原则、相对数与绝对数结合运用的原则、多种相对数结合运用的原则。

基本要求

一、学习要求

1. 明确统计绝对数和相对数的概念、作用、种类；
2. 掌握绝对数及相对数的特点与相应的计算方法；

3. 熟练区分各种绝对数和各种相对数；
4. 了解计算与应用统计绝对数与相对数应注意的问题。

二、学习重点

1. 统计绝对数的概念与分类；
2. 统计相对数概念与各种相对数的计算方法；
3. 相对数的运用原则。

三、学习难点

1. 不同种类的绝对数之间的关系；
2. 各种相对数的特点；
3. 计算和运用相对数时要注意的问题。

练　习　题

一、填空题

1. 统计绝对数是反映在一定时间、空间条件下某种现象的总体规模、总水平或总成果的统计指标，它是计算__________和__________的基础。

2. 统计绝对数按其反映的时间状况不同可分为__________、__________。

3. 总体单位总数和标志值总数随着__________变化而可能转化。

4. 相对数是由两个有联系的指标__________计算得到。

5. 用__________计算的比例相对数可以反映事物的构成特征。

6. 计划指标的表现形式可以是绝对数，也可以是________和________。

7. 强度相对数的正指标数值越大，表示现象的强度和密度就越________。

8. 长期计划完成情况的检查方法有________和________。

9. 按实物单位计量的总量指标（实物指标）能够直接反映产品的________量，按货币单位计量的总量指标（价值指标）反映产品的________量。

10. 2020 年中国大陆全年固定资产投资（不含农户）518907 亿元，分投资主体看，民间投资 289264 亿元，占________%；非民间投资________亿元，占________%。

二、单项选择题

1. 按反映总体内容不同，统计绝对数可以分为（ ）。

A. 时期数与时点数　　B. 总体单位总数与总体标志值总数

C. 实物指标与价值指标　　D. 实物指标与劳动指标

2. 下面属于时期指标的是（ ）。

A. 商场数量　　B. 营业员人数

C. 商品价格　　D. 商品销售量

3. 下面属于结构相对数的有（ ）。

A. 人口出生率　　B. 产值利润率

C. 恩格尔系数　　D. 工农业产值比

4. 用水平法检查长期计划完成程度，应规定（ ）。

A. 计划期初应达到的水平　　B. 计划期末应达到的水平

C. 计划期中应达到的水平　　D. 整个计划期应达到的水平

5. 两个性质不同的总量指标对比的相对数是（ ）。

A. 动态相对数　　B. 比较相对数

C. 强度相对数　　D. 比例相对数

6. 数值可以直接相加总的指标是（ ）。

A. 绝对数　　B. 相对数

C. 时点数　　D. 时期数

7. 某企业去年资金利润率为 4.6%。该指标为（ ）。

A. 绝对数　　B. 比较相对数

C. 强度相对数　　D. 结构相对数

8. 对甲、乙两个工厂生产的饮料进行质检，不合格率分别为 6% 和 10%，则饮料不合格品数量（ ）。

A. 甲＞乙　　B. 甲＜乙

C. 甲＝乙　　D. 无法判断

9. 某商场计划 4 月份销售利润比 3 月份提高 2%，实际却下降了 3%，则销售利润计划完成程度为（ ）。

A. 66.7%　　B. 95.1%

C. 105.1%　　D. 99.0%

10. 按不变价格计算，我国 2020 年国内生产总值比 2003 年翻了两番多。“翻两番”表示（ ）。

A. 2020 年国内生产总值的总规模
B. 是以 2003 年为标准计算的相对数
C. 2020 年国内生产总值是 2003 年的 2 倍
D. 2020 年国内生产总值比 2003 年增加了 3 倍

11. 下列指标中属于时点指标的是(　　)。
A. 国内生产总值　　B. 流通费用率
C. 人均利税额　　D. 商店总数

12. 下列指标属于比例相对指标的是(　　)。
A. 工人出勤率　　B. 农轻重的比例关系
C. 每百元产值利税额　　D. 净产值占总产值的比重

13. 反映社会经济现象发展总规模、总水平的综合指标是(　　)。
A. 质量指标　　B. 统计绝对数
C. 统计相对数　　D. 统计平均数

14. 两数对比,若分母数值比分子数值大很多时,常用的相对数形式为(　　)。
A. 成数　　B. 倍数
C. 百分数　　D. 千分数

15. 按人口平均计算的钢产量是(　　)。
A. 算术平均数　　B. 比例相对数
C. 比较相对数　　D. 强度相对数

16. 总体标志总量是(　　)。
A. 说明总体单位特征　　B. 表示总体本身的规模大小
C. 指总体各单位标志值的总和　　D. 指总体单位总量

三、多项选择题

1. 某市 2020 年底人口总数 1100 万人,这是一个(　　)。
A. 数量指标　　B. 质量指标
C. 时期数　　D. 时点数
E. 统计绝对数

2. 时点数的特点是(　　)。
A. 不同时间数值可以相加　　B. 不同时间数值不可以相加
C. 调查资料需连续登记　　D. 数值与时期长短有关
E. 数值通过间断登记取得

3. 在相对数中,子项和母项可以互换位置的有(　　)。

A. 结构相对数 B. 比例相对数
C. 比较相对数 D. 动态相对数
E. 计划完成相对数

4. 比较相对数适用于( )。
A. 计划水平与实际水平之比 B. 先进与落后之比
C. 不同国家间之比 D. 不同时间状态之比
E. 实际水平与标准水平之比

5. 反映国民经济产业结构的相对数是( )。
A. 国民生产总值 B. 第一、二、三产业产值之比
C. 各产业增长速度 D. 各产业比上年增长量
E. 各产业占的比重

6. 在下列几种相对数中,必须在分组的基础上方可计算的是( )。
A. 计划完成相对数 B. 结构相对数
C. 比较相对数 D. 比例相对数
E. 动态相对数

7. 2019 年末全国总人口为 140005 万人,比上年末增加 467 万人。全年出生人口 1465 万人,出生率为 10.48‰;死亡人口 998 万人,死亡率为 7.14‰。出生人口性别比为 110.14∶100。这里用到的指标有( )。
A. 时期数 B. 时点数
C. 平均数 D. 强度相对数
E. 比例相对数

8. 2020 年全年各类主体通过沪深交易所发行债券融资共发行债券 84777 亿元;2020 年末,全部境内住户存款余额 934383 亿元。这两个指标( )。
A. 都是时期数 B. 都是时点数
C. 都是绝对数 D. 前者是时点数,后者是时期数
E. 前者是时期数,后者是时点数

9. 2019 年末全国就业人员 77471 万人,比上年末减少 115 万人。年末城镇登记失业率为 3.62%( )。
A. 就业人数是时期数 B. 增加的就业人数是时期数
C. 就业人数是时点数 D. 失业率是结构相对数
E. 就业人数和增加人数都是绝对数

10. 根据总量指标反映的现象的性质不同,计量单位一般有( )。
A. 实物单位 B. 数量单位

C. 劳动单位　　D. 价值单位
E. 倍数

11. 相对数的表现形式有(　　)。
A. 无名数　　B. 百分数
C. 成数　　D. 结构相对数
E. 名数

12. 下列统计指标为统计绝对数的有(　　)。
A. 工资总额　　B. 流动资金余额
C. 人口密度　　D. 员工人数
E. 资金利润率

13. 下列指标中的结构相对数有(　　)。
A. 集体所有制企业员工总数的比重
B. 某工业产品产量比上年增长的百分比
C. 大学生占全部学生的比重
D. 某年积累额占全部国民收入的比重
E. 某年人均消费额

14. 下列哪些是强度相对指标(　　)。
A. 某市医院病床数与全市人口数之比
B. 某市人口数与土地面积之比
C. 我国 GDP 与全国人口数之比
D. 甲省 GDP 与乙省 GDP 之比
E. 14 岁以下人口数与全部人口数之比

四、判断题

1. 绝对数随着总体范围的扩大而增加。(　　)
2. 绝对数随着时间范围的扩大而增加。(　　)
3. 总体单位总数和总体标志值总数是不能转化的。(　　)
4. 结构相对数的数值不能大于 1。(　　)
5. 水平法和累计法的选择依据是计划指标的规定方式。(　　)
6. 计划完成相对数的数值大于 100%,就说明完成并超额完成了计划。(　　)
7. 相对指标的可比性原则是指对比的两个指标在总体范围、时间范围、指标名称、计算方法等方面都要能够进行对比。(　　)

8. 反映总体内部构成特征的指标只能是结构相对数。 ( )
9. 时点数可以相加。 ( )
10. 经济现象发展速度越高,说明经济实力越强。 ( )
11. 相对数都是用无名数表示的 ( )

五、简答题

1. 绝对数的主要应用有哪些方面?

2. 时期数和时点数的主要区别是什么?

3. 相对指标计算为什么要遵循可比性原则?

4. 为什么相对数要和绝对数结合运用?

六、计算题

1. 某企业今年计划产值比去年增长5%,实际计划完成108%,问今年产值比去年增长多少?

2. 我国 2020 年高校招生及在校生资料如下：

单位：万人

学校	招生人数	比上年增招人数	在校生人数
普通高校	967.45	52.55	3285.29
成人高等学校	363.76	61.55	777.29

要求：(1)分别计算各类高校招生人数的动态相对数；
(2)计算普通高校与成人高校招生人数比；
(3)计算成人高校在校生数量占所有高校在校生数量的比重。

3. 我国 2019 年和 2020 年进出口贸易总额资料如下：

年份	出口总额(亿元)	进口总额(亿元)
2019	191906	177751
2020	198623	168527

要求：(1)分别计算 2019 年、2020 年的进出口贸易差额；
(2)计算 2020 年进出口总额比例相对数及出口总额增长速度；
(3)分析我国进出口贸易状况。

4. 根据下列资料，计算强度相对数的正指标和逆指标，并根据正指标数值分析该地区医疗卫生设施的变动情况。

指　标	2020 年	2017 年
医院数量(个)	40	56
地区人口总数(万人)	84.4	126.5

5. 某公司下属三个企业有关资料如下表，试根据指标之间的关系计算并填写表中所缺数字。

<table>
<tr><th rowspan="2">企业</th><th rowspan="2">一月实际产值(万元)</th><th colspan="4">二月</th><th rowspan="2">二月实际产值为一月的(%)</th></tr>
<tr><th>计划产值(万元)</th><th>计划产值比重(%)</th><th>实际产值(万元)</th><th>计划完成(%)</th></tr>
<tr><td>甲</td><td>125</td><td>150</td><td></td><td></td><td>110</td><td></td></tr>
<tr><td>乙</td><td>200</td><td>250</td><td></td><td></td><td>100</td><td></td></tr>
<tr><td>丙</td><td>100</td><td></td><td></td><td></td><td></td><td></td></tr>
<tr><td>合计</td><td></td><td>500</td><td></td><td></td><td>95</td><td></td></tr>
</table>

第五章
数据分布特征的描述

内容提要

一、集中趋势指标概述

（一）集中趋势指标及其特点

集中趋势，是指一组数据向某一中心值靠拢的倾向，测度集中趋势也就是要寻找数据一般水平的代表值或是中心值。

统计平均数有两个重要的特点：

第一，平均数是一个代表值，表示被研究总体的一般水平；

第二，平均数把被研究总体各单位的标志值的数量差异抽象化了。

（二）集中趋势指标的作用

1. 利用平均数对比不同总体的一般水平；

2. 利用平均数比较和反映同一单位某一标志不同时期一般水平的发展变化，说明事物的发展过程和变化趋势；

3. 利用平均数分析现象之间的相互关系，并推算其他有关的指标。

（三）集中趋势指标的类型

集中趋势指标——平均数包括静态平均数和动态平均数两种。静态平均数根据其处理的方法不同又可以分为两种，一种是数值平均数，主要包括算术平均数、调和平均数、几何平均数三种；另一种是位置平均数，主要包括众数和中位数两种。另外，还有分位数，分位数也是位置平均数。

二、数值平均数

(一)算术平均数

1. 算术平均数的基本公式

算术平均数是最常用的一种平均数。它是总体各单位某一数量标志的全部标志值的平均,它等于总体各单位某一数量标志的标志值的总和除以总体单位数。

2. 简单算术平均数

简单算术平均数是将变量数列中各标志值简单相加求得标志值总数,然后除以总体单位总数而求得的平均数。适用于根据未分组的资料计算平均数。

3. 加权算术平均数

它是先将各组标志值与相同组的频数相乘以后得到各组标志值总数,再将各组标志值总数加总求得总体标志值总数,同时,把各组频数相加得到总体单位总数,再将两者相除得到加权算术平均数。其计算公式为:

$$x=\frac{x_1f_1+x_2f_2+\cdots+x_nf_n}{f_1+f_2+\cdots+f_n}=\frac{\sum xf}{\sum f}$$

权数也可以用各组单位数占全部总体单位数的比重,即频率 $\frac{f}{\sum f}$ 。这个权数叫作实质权数。加权算术平均数的计算公式又可表示如下:

$$\bar{x}=\frac{\sum xf}{\sum f}=\sum\left(x\ \frac{f}{\sum f}\right)$$

如果各组的单位数相等时,加权算术平均数等于简单算术平均数。即:

$$x=\frac{\sum xf}{\sum f}=\frac{f\sum x}{nf}=\frac{\sum x}{n}$$

4. 算术平均数的主要数学性质

第一,变量数列中各个标志值与算术平均数的离差之和等于零;

第二,变量数列中各标志值与算术平均数的离差平方和最小;

第三,任何两个变量代数和的算术平均数等于两个变量的算术平均数的代数和;

第四,对被平均的变量施行某种线性变换后,新变量的算术平均数就等于对原变量的算术平均数施行同样线性变换后的结果。

(二)调和平均数

统计调和平均数是用平均标志值(变量值)的倒数作为新变量进行的算术平均数的倒数。

1. 简单调和平均数

简单调和平均数适应于未分组的资料计算调和平均数。计算公式如下:

$$\bar{x}_H = \frac{n}{\frac{1}{x} + \frac{1}{x} + \cdots + \frac{1}{x}} = \frac{n}{\sum \frac{1}{x}}$$

2. 加权调和平均数

加权调和平均数适应于已分组的资料。如果掌握各组的标志值水平和各组的标志值总数,而不知道各组的总体单位数时,应采用加权调和平均数的方法计算调和平均数。计算公式如下:

$$\bar{x}_H = \frac{m_1 + m_2 + \cdots + m_n}{\frac{m_1}{x_1} + \frac{m_2}{x_2} + \cdots \frac{m_n}{x_n}} = \frac{\sum m}{\sum \frac{m}{x}}$$

(三)几何平均数

几何平均数(Geometric mean)是 n 个标志值的连乘积的 n 次方根,适应于计算平均比率和平均速度。根据所掌握的资料不同,有简单几何平均数和加权几何平均数两种。

1. 简单几何平均数

简单几何平均数适应于已知每个比率或每个速度水平均数的情况。设有 n 个标志值(比率或速度)分别为 $x_1, x_2, x_3, \cdots, x_n$,则简单几何平均数 $\bar{x}_G$ 的计算公式为:

$$x_G = \sqrt[n]{x_1 \cdot x_2 \cdots x_n} = \sqrt[n]{\prod x}$$

2. 加权几何平均数

加权几何平均数适应于比率或速度已分组的情况下。设经过分组以后有 n 个标志值(比率或速度),分别为 $x_1, x_2, x_3, \cdots, x_n$,假设各标志值(比率或速度)的权数分别为 $f_1, f_2, f_3, \cdots, f_n$,则加权几何平均数 $\bar{x}_G$ 的计算公式为:

$$\bar{x}_G = \sqrt[\Sigma f]{x_1^{f_1} x_2^{f_2} \cdots x_n^{f_n}} = \sqrt[\Sigma f]{\prod x_i^{f_i}}$$

（四）正确应用数值平均数的原则

在运用数值平均数来分析总体现象时除了必须遵循以前所述的总体现象的同质性原则以外，还应注意以下几点：

1. 用组平均数补充说明总平均数；

2. 用频数分布补充说明平均数；

3. 把平均数和典型事例相结合。

三、位置平均数

（一）众数

众数是一组数据中出现次数最多的标志值，用 M_0 示。

对于由变量数列来确定众数，根据所掌握的资料不同，应采用不同的方法。具体方法如下：

1. 如果各标志值分布很均匀，无明显的变化，则数列无众数。

2. 如果是单项式数列或未分组的数据，则看哪一个标志值出现的次数最多便可。此时，出现次数最多的那一个标志值就是众数。

3. 由组距式数列确定众数，先根据次数的多少确定众数组，然后可按下述公式之一计算：

下限公式：
$$M_0 = L + \frac{\Delta_1}{\Delta_1 + \Delta_2} \times i$$

上限公式：
$$M_0 = U - \frac{\Delta_2}{\Delta_1 + \Delta_2} \times i$$

（二）中位数

中位数是指将总体各单位标志值按照大小顺序排列后，处于中间位置的那个标志值，用 Me 表示。

对于中位数的确定，根据具体资料不同，采用的方法也就不同，这里分以下三种情况：

1. 由未分组的数据确定中位数。

根据未分组的数据确定中位数时，首先将总体各单位的标志值资料按大小顺序排列，然后按照$\frac{n+1}{2}$（n 表示资料的项数）来确定中位数的位次，再根据中位数的位次找出对应的标志值即可。

2. 由单项数列确定中位数。

由单项数列确定中位数时,先向上或向下累计次数,然后按 $\frac{\sum f+1}{2}$ 确定中位数的位次,最后再根据中位数的位次,将按向上累计或向下累计的方法累计的累计次数刚好超过中位数位次 $\frac{\sum f+1}{2}$ 的组确定为中位数组,该组所对应的标志值即为中位数。

3. 由组距数列确定中位数。

由组距数列确定中位数,先向上或向下累计频数,然后按 $\frac{\sum f+1}{2}$ 确定中位数的位次,再用公式计算中位数的近似值。其计算公式如下:

下限公式(向上累计用):$M_e = L + \dfrac{\dfrac{\sum f}{2} - S_{m-1}}{f_m} \times i$

上限公式(向下累计用):$M_e = U - \dfrac{\dfrac{\sum f}{2} - S_{m+1}}{f_m} \times i$

(三)分位数 *

教材上主要介绍了四分位数。四分位数是指将按标志值大小顺序排列的变量数列的全部总体单位等分为四个部分的三个数值,分别记为 Q_1、Q_2 和 Q_3。第一个四分位数 Q_1 叫作"1/4 四分位数"或"下四分位数";第二个四分位数就是中位数;第三个四分位数也叫作"3/4 四分位数"或"上四分位数"。

1. 由未分组的数列计算四分位数。

首先按照确定四分位数位次的公式来确定四分位数的位次,然后再根据四分位数的位次找出相对应的标志值,位于相对应位次上的标志值就是相应的四分位数。

2. 由组距式数列确定四分位数。

由组距式数列计算四分位数按以下步骤进行:

第一步,向上或向下累计次数;

第二步,根据累计次数确定四分位数的位置;

第三步,根据四分位数的位置算出各四分位数。

四、离中趋势指标

（一）离中趋势指标的含义

离中趋势，是指一组数据中各数据值以不同程度的距离偏离其中心（平均数）的趋势，又称标志变动度。常用的离中趋势指标有极差、分位差、平均差、方差、标准差、离散系数等。

（二）极差和分位差

1. 极差

极差是一组数据中的最大值与最小值的差距。用公式表示为：

极差＝最大变量值－最小变量值

根据所掌握的资料不同，极差有两种计算方法：

由未分组或单项分组资料计算极差，只要用其中的最大值减去最小值即可求得。

如果统计数据已经过整理，并形成组距数列，则极差的近似值为：

极差＝最大组的上限－最小组的下限

2. 分位差

分位差是对极差的一种改进，它是从一组数据中剔除了一部分极端值之后重新计算的类似于极差的指标。常用的有四分位差、八分位差和十分位差等。

（三）平均差

平均差是数据组中各数据值与其算术平均数离差绝对值的算术平均数，常用符号“$M.D$”表示。

因掌握资料形式不同，有两种计算公式：

1. 简单平均式

$$M.D=\frac{\sum|x-\bar{x}|}{n}$$

2. 加权平均式

在资料经过分组，形成频数分布时，应采取加权平均公式计算平均差。

$$M.D=\frac{\sum|x-\bar{x}|f}{\sum f}$$

（四）方差和标准差

1. 方差和标准差的计算

方差是数据组中各数据值与其算术平均数离差平方的算术平均数，用符号 σ^2 表示。方差的平方根就是标准差，用符号"σ"表示。

标准差的计算公式因掌握资料形式不同，有两种：

第一种：简单平均式

$$\sigma=\sqrt{\frac{\sum(x-\bar{x})^2}{n}}$$

第二种：加权平均式

在资料经过分组，形成分配数列时，应采取加权平均式，其公式为：

$$\sigma=\sqrt{\frac{\sum(x-\bar{x})^2 f}{\sum f}}$$

利用标准差，可以给出一组数据中各个数值的位置，它是通过标准差与它的离差比较而算得的，称为标准差分位值。

$$\text{标准差分位值}=\frac{x-\bar{x}}{\delta}$$

当标准差分位值大于 0 时，说明变量值较平均值高出标准差的倍数；当标准差分位值小于 0 时，说明变量值较平均值低于标准差的倍数。

2. 是非标志的标准差

对于有些总体的全部单位，根据某一品质标志可分为具有某种特征的单位和不具有该种特征的单位，这种用"是"与"否"、"有"与"无"来表示的标志，称为是非标志。

由于这种品质标志只有两种标志表现，为了计算方便，可将其量化，分别用 1 和 0 表示。设 N 代表全部总体单位数，其中，具有某种特征的单位数用 N_1 表示，不具有该种特征的单位数用 N_0 表示，则 $N=N_1+N_0$。这两部分单位数占总体单位总数的比重，称为成数（即结构相对数），分别用 p 和 q 表示，即 $p=\frac{N_1}{N}$，$q=\frac{N_0}{N}$ 两个成数之和为：$\frac{N_1}{N}+\frac{N_0}{N}=1$，即 $p+q=1$，所以 $q=1-p$。

$$\bar{x}=\frac{\sum xf}{\sum f}=\sum x\frac{f}{\sum f}=1\times p+0\times q=p$$

$$\sigma_p = \sqrt{\frac{\sum (x-\bar{x})^2 f}{\sum f}}$$

$$= \sqrt{\sum (x-\bar{x})^2 \frac{f}{\sum f}}$$

$$= \sqrt{q^2 p + p^2 q} = \sqrt{pq(p+q)}$$

$$= \sqrt{pq} = \sqrt{p(1-p)}$$

(五)离散系数

常用的离散系数指标是标准差系数。

标准差系数是将一组数据的标准差与其算术平均数对比的结果,以测定其相对离中程度,常用符号"V_σ"表示,其公式为:

$$V_\sigma = \frac{\sigma}{\bar{x}} \times 100\%$$

(六)离中趋势指标的应用

1. 应用离中趋势指标表明数据分布的离散程度;
2. 应用离中趋势指标衡量平均数的代表性;
3. 应用离中趋势指标反映现象变化的稳定性和均衡性。

基本要求

一、学习要求

通过本章的学习,要求达到:

1. 明确平均数和标志变异指标的概念和作用;
2. 熟练掌握数值平均数和标准差的特点及其计算方法;
3. 了解众数、中位数的概念、特点及其计算方法;
4. 能正确区分数值平均数和位置平均数,了解几种平均数之间的关系;
5. 了解计算平均数和离中趋势指标应注意的问题;
6. 了解偏度与峰度的计算方法与作用。

二、学习重点

1. 算术平均数;

2. 调和平均数;
3. 众数;
4. 中位数;
5. 标准差与标准差系数。

三、学习难点

众数、中位数、数值平均数(算术平均数、调和平均数、几何平均数)等度量方法的选择问题。

练 习 题

一、填空题

1. 常用的数值平均数有________和________以及________。

2. 权数对算术平均数的影响作用不决定于权数________的大小,而决定于权数的________的大小。

3. 计算算术平均数的基本公式________。

4. 当标志值较大而次数较多时,平均数接近于标志值较______的一方;当标志值较小而次数较多时,平均数靠近于标志值较______的一方。

5. 加权算术平均数等于简单算术平均数的前提条件是________。

6. 利用组距数列计算算术平均数,应首先计算各组的________。

7. 统计中的变量数列是以________为中心而左右波动,所以平均数反映了总体分布的________。

8. 中位数是位于变量数列________的那个标志值,众数是在总体中出现次数________的那个标志值。中位数和众数也可以称为________平均数。

9. 调和平均数是平均数的一种,它是________的算术平均数的________。

10. 现象的________是计算或应用平均数的原则。

11. 当变量数列中算术平均数大于众数时,这种变量数列的分布呈______分布;反之算术平均数小于众数时,变量数列的分布则呈______分布。

12. 较常使用的离中趋势指标有________、________、________、

________、________。

13. 极差是总体单位的________与________之差，在组距分组资料中，其近似值是________。

14. 是非标志的平均数为________、标准差为________。

15. 标准差系数是________与________之比。

16. 已知某数列的平均数是200，标准差系数是30%，则该数列的方差是________。

17. 标准差用________的方法解决了离差之和为0而不能求平均离差的问题，因此它在数学处理上优于________，因此应用范围更为广泛。

18. 对某村6户居民家庭共30人进行调查，所得的结果是，人均收入400元，其离差平方和为5100000，则标准差是______，标准差系数是______。

二、单选题

1. 下列属于平均指标的是(　　)。

A. 某县平均每亩粮食产量　　B. 全员劳动生产率

C. 某县平均每人占有耕地　　D. 某县平均每户拥有小汽车的数量

2,平均数反映了(　　)。

A. 总体分布的集中趋势　　B. 总体中总体单位分布的集中趋势

C. 总体分布的离散趋势　　D. 总体变动的趋势

3. 在变量数列中，如果标志值较小的一组权数较大，则计算出来的算术平均数(　　)。

A. 接近于标志值大的一方　　B. 接近于标志值小的一方

C. 不受权数的影响　　D. 无法判断

4. 由相对数计算平均数时，如果掌握的权数是相对数的子项数值时，则采用(　　)。

A. 加权算术平均数公式　　B. 加权调和平均数公式

C. 简单算术平均数公式　　D. 简单几何平均数公式

5. 已知某局所属12个工业企业的职工人数和工资总额，要求计算该局职工的平均工资，应该采用(　　)。

A. 简单算术平均法　　B. 加权算术平均法

C. 加权调和平均法　　D. 几何平均法

6. 已知5个水果商店苹果的单价和销售额，要求计算5个商店苹果的平均单价，应该采用(　　)。

A. 简单算术平均法　　B. 加权算术平均法
C. 加权调和平均法　　D. 几何平均

7. 某厂有两个车间,2019 年甲车间工人平均工资为 4000 元,乙车间为 4500 元;2020 年,甲车间工人在全厂工人中的比重提高,乙车间的比重下降。在两车间工人平均工资没有变化的情况下,2020 年全厂总平均工资比 2019 年全厂总平均工资(　　)。

A. 增加　　B. 减少
C. 持平　　D. 不能作结论

8. 某公司下属 5 个企业,已知每个企业某月产值计划完成百分比和实际产值,要求计算该公司平均计划完成程度,应采用加权调和平均数的方法计算,其权数是(　　)。

A. 计划产值　　B. 实际产值
C. 工人数　　D. 企业数

9. 中位数和众数是一种(　　)。

A. 代表值　　B. 常见值
C. 典型值　　D. 实际值

10. 由组距变量数列计算算术平均数时,用组中值代表组内标志值的一般水平,有一个假定条件,即(　　)。

A. 各组的次数必须相等
B. 各组标志值必须相等
C. 各组标志值在本组内呈均匀分布
D. 各组必须是封闭组

11. 四分位数实际上是一种(　　)。

A. 算术平均数　　B. 几何平均数
C. 位置平均数　　D. 数值平均数

12. 离中趋势指标中,最容易受极端值影响的是(　　)。

A. 极差　　B. 平均差
C. 标准差　　D. 标准差系数

13. 平均差与标准差的主要区别在于(　　)。

A. 指标意义不同　　B. 计算条件不同
C. 计算结果不同　　D. 数学处理方法不同

14. 标准差指标数值越小,则反映变量值(　　)。

A. 越分散,平均数代表性越低　　B. 越集中,平均数代表性越高

C. 越分散，平均数代表性越高　　D. 越集中，平均数代表性越低

15. 已知某班 40 名学生，其中男、女学生各占一半，则该班学生性别成数方差为(　　)。

A. 25%　　B. 30%

C. 40%　　D. 50%

三、多选题

1. 正确选择权数是计算平均数的重要问题，选择权数时要考虑(　　)。

A. 它应该是标志值的直接承担着

B. 它与标志值相乘具有实际的经济意义

C. 它应该是次数

D. 它应该是频率

E. 它可以是绝对数表示的次数，也可以是用相对数形式表示的频率

2. 加权算术平均数的大小受哪些因素的影响(　　)。

A. 受各组频数或频率的影响

B. 受各组标志值大小的影响

C. 受各组标志值和权数的共同影响

D. 只受各组标志值大小的影响

E. 只受权数大小的影响

3. 平均数的作用是(　　)。

A. 反映总体的一般水平

B. 对不同时间、不同地点、不同部门的同质总体平均数进行对比

C. 测定总体各单位的离散程度

D. 测定总体各单位分布的集中趋势

E. 反映总体的规模

4. 众数是(　　)。

A. 位置平均数

B. 总体中出现次数最多的标志值

C. 不受极端值的影响

D. 适用于总体单位数多，有明显集中趋势的情况

E. 处于变量数列中点位置的那个标志值

5. 在什么条件下，加权算术平均数等于简单算术平均数(　　)。

A. 各组次数相等　　B. 各组标志值不等

C. 变量数列为组距变量数列　　D. 各组次数都为 1

E. 各组次数占总次数的比重相等

6. 加权算术平均数的计算公式有(　　)。

A. $\frac{\sum x}{n}$　　B. $\frac{\sum xf}{\sum f}$　　C. $\sum\left(x\frac{f}{\sum f}\right)$

D. $\frac{\sum m}{\sum \frac{m}{x}}$　　E. $\frac{n}{\sum \frac{1}{x}}$

7. 计算和应用数值平均数的原则是(　　)。

A. 现象的同质性　　B. 用组平均数补充说明总平均数

C. 用变量数列补充说明平均数　　D. 用时间变量数列补充说明平均数

E. 把平均数和典型事例结合起来

8. 下列变量数列中可以计算算术平均数的有(　　)。

A. 变量数列　　B. 等距变量数列

C. 品质变量数列　　D. 时间变量数列

E. 不等距变量数列

9. 几何平均数主要适用于(　　)。

A. 标志值的代数和等于标志值总量的情况

B. 标志值的连乘积等于总比率的情况

C. 标志值的连乘积等于总速度的情况

D. 具有等比关系的变量数列

E. 求平均比率时

10. 中位数是(　　)。

A. 由标志值在变量数列中所处的位置决定的

B. 根据标志值出现的次数决定的

C. 总体单位水平的平均值

D. 总体一般水平的代表值

E. 不受总体中极端数值的影响

11. 有些离中趋势指标是用有名数表示的,它们是(　　)。

A. 极差　　B. 平均差

C. 标准差　　D. 平均差系数

E. 四分位差

12. 不同总体间的标准差不能简单进行对比,是因为(　　)。

A. 平均数不一致　　B. 标准差不一致

C. 计量单位不一致　　D. 总体单位数不一致

E. 与平均数的离差之和不一致

13. 不同数据组间各标志值的差异程度可以通过标准差系数进行比较,因为标准差系数(　　)。

A. 消除了不同数据组各标志值的计量单位的影响

B. 消除了不同数列平均水平高低的影响

C. 消除了各标志值差异的影响

D. 数值的大小与数列的差异水平无关

E. 数值的大小与数列的平均数大小无关

14. 关于极差,下列说法正确的有(　　)。

A. 只能说明变量值变异的范围　B. 不反映所有变量值差异的大小

C. 反映数据的分配状况　　D. 最大的缺点是受极端值的影响

E. 最大的优点是不受极端值的影响

15. 下列指标中,反映数据组中所有数值变异大小的指标有(　　)。

A. 四分位差　　B. 平均差

C. 标准差　　D. 极差

E. 离散系数

四、判断题

1. 权数对算术平均数的影响作用取决于权数本身绝对值的大小。(　　)

2. 算术平均数的大小,只受总体各单位标志值大小的影响。(　　)

3. 在特定条件下,加权算术平均数可以等于简单算术平均数。(　　)

4. 中位数和众数都属于平均数,因此它们数值的大小受到总体内各单位标志值大小的影响。(　　)

5. 分位数都属于数值平均数。(　　)

6. 在资料已分组时,形成变量数列的条件下,计算算术平均数或调和平均数时,应采用简单式;反之,采用加权式。(　　)

7. 当各标志值的连乘积等于总比率或总速度时,宜采用几何平均法计算平均数。(　　)

8. 众数是总体中出现最多的次数。(　　)

9. 未知计算平均数的基本公式中的分子资料时,应采用加权算术平均数

方法计算。 ( )

10. 按人口平均的粮食产量是一个平均数。 ( )

11. 变量数列的分布呈右偏分布时,算术平均数的值最小。 ( )

12. 若数据组的均值是 450,标准差为 20,那么,所有的观察值都在 450±20 的范围内。 ( )

13. 是非标志的标准差是总体中两个成数的几何平均数。 ( )

14. 总体中各标志值之间的差异程度越大,标准差系数就越小。 ( )

15. 同一数列,同时计算平均差,标准差,二者必然相等。 ( )

16. 如果两个数列的极差相同,那么,它们的离中程度就相同。 ( )

17. 离中趋势指标既反映了数据组中各标志值的共性,又反映了它们之间的差异性。 ( )

18. 若两组数据的平均数与标准差均相同,则其分布也是相同的。 ( )

19. 在对称分布的条件下,高于平均数的离差之和与低于平均数的离差之和,必然相等,全部的离差之和一定等于 0。 ( )

20. 数据组中各个数值大小相当接近时,它们的离差就相对小,数据组的标准差就相对小。 ( )

五、简答题

1. 反映总体集中趋势的指标有哪几种?集中趋势指标有什么特点和作用?

2. 如何理解权数的意义?在什么情况下,应用简单算术平均数和加权算术平均数计算的结果是一致的?

3. 加权算术平均数和加权调和平均数有何区别与联系？

4. 平均数的计算原则是什么？

5. 简述算术平均数、中位数、众数三者之间的关系？

6. 什么是离中趋势指标？它有哪些作用？

7. 离中趋势指标有哪些，它们之间有何区别？

8. 如何对任意两个总体平均数的代表性进行比较？

六、计算分析题

1. 某厂对三个车间一季度生产情况分析如下：

第一车间实际产量为 190 件，完成计划 95%；第二车间实际产量 250 件，完成计划 100%；第三车间实际产量 609 件，完成计划 105%。三个车间产品产量的平均计划完成程度为：(95%＋100%＋105%)÷3＝100%。另外，一车间产品单位成本为 18 元/件，二车间产品单位成本为 12 元/件，三车间产品单位成本为 15 元/件，则：三个车间平均单位成本为：(18＋12＋15)÷3＝15 元/件。

以上平均指标的计算是否正确？如不正确请说明理由并改正。

2. 2020 年某月甲、乙两市场某农产品价格和成交量、成交额资料如下：

品种	价格（元/斤）	甲市场成交额（万元）	乙市场成交量（万斤）
甲	1.2	1.2	2
乙	1.4	2.8	1
丙	1.5	1.5	1
合计	—	5.5	4

试问哪一个市场农产品的平均价格高？并说明原因。

3. 某厂生产某种机床配件，要经过三道生产工序，现生产一批该产品在各道生产工序上的合格率分别为 95.74%、93.48%、97.23%。根据资料计算三道生产工序的平均合格率。

4. 已知某企业有如下资料：

按计划完成百分比分组(%)	实际产值(万元)
80～90	986
90～100	1057
100～110	1860
110～120	1846

计算该企业按计划完成百分比。

5. 某市场有三种不同的苹果,其每斤价格分别为 2 元、3 元和 4 元,试计算:(1)各买一斤,平均每斤多少钱?(2)各买一元,平均每斤多少钱?

6. 某高校某系学生的体重资料如下:

按体重分组(公斤)	学生人数(人)
52 以下	28
52~55	39
55~58	68
58~61	53
61 以上	24
合计	212

试根据所给资料计算学生体重的算术平均数、中位数、众数。

7. 两种不同水稻品种,分别在 5 个田块上试种,其产量如下:

甲品种		乙品种	
田块面积(亩)	产量(公斤)	田块面积(亩)	产量(公斤)
1.2	600	1.5	840
1.1	495	1.4	770
1.0	445	1.2	540
0.9	540	1.0	520
0.8	420	0.9	450

要求:(1)分别计算两品种的单位面积产量;

(2)计算两品种亩产量的标准差和标准差系数;

(3)假定生产条件相同,确定哪一品种具有较大稳定性,宜于推广。

8. 当每天生产线的每小时产量低于平均每小时产量，并落入大于 2 个标准差时，该生产线被认为是“失去控制”。对该生产线来说，昨天平均每小时产量是 370 件，其标准差每小时为 5 件。下面是该天头几个小时的产量，该生产线在什么时候失去了控制？

时间	8:00	9:00	10:00	11:00	12:00	1:00	2:00
产量	369	367	365	363	361	359	357

9. 你是定时器的购买者，定时器在新道路爆破中用来起爆炸药。你必须在两个供应者之间选择，分别用 A 和 B 表示。在各自的说明书中，你发现由 A 出售的导火线引爆的平均时间为 30 秒，其标准差为 0.5 秒；而由 B 出售的导火线引爆的平均时间为 30 秒，其标准差为 6 秒。请你做出选择，并说明原因。

10. 雇员要进行两项能力测试。在 A 项测试中，其平均分为 100 分，标准差为 15 分；在 B 项测试中，其平均分为 400 分，标准差为 50 分。李明在 A 项测试中得了 115 分，在 B 项测试中得了 425 分。与平均数相比，李明的哪一项测试更为理想？请通过计算李明的每项测试的标准差分位值来寻求答案。

第六章
概率基础

内容提要

一、随机事件及概率

(一)随机试验

在相同条件下,可以重复进行,事先知道所有可能的结果,但是不能确定哪一种结果会出现。

(二)样本空间

随机现象的一切可能基本结果组成的集合,其中每个元素称为样本点,或者基本事件。

(三)随机事件

样本空间的子集。

(四)事件间的关系与运算

1. 包含:如果事件 B 发生必然导致事件 A 发生,则称 A 包含 B,记做 $B\subset A$。

2. 相等:如果有 $B\subset A$,且 $A\subset B$,则称 A 与 B 相等。记做 $A=B$。

3. 和(并):事件 A 与事件 B 中至少有一个发生,记做 $A+B$ 或 AUB。

4. 交(积):事件 A、B 同时发生,记做 $A\cdot B$ 或 $A\cap B$。

5. 差:事件 A 出现但是事件 B 不出现,称为 A 与 B 的差,记做 $A-B$ 或 $A\backslash B$。

6. 不相容:若 $A\cap B=\phi$,则称事件 A 与事件 B 为不相容事件,或叫互斥事件,即事件 A 与 B 不能同时发生。

7. 逆事件:$\bar{A}=\{$事件 A 不发生$\}$,称为事件 A 的对立事件或者逆事件。显然他们之间有下列关系:$A+\bar{A}=\Omega$,$A\cap\bar{A}=\Phi$。

(五)概率的定义

在一个随机现象中,度量事件 A 发生可能性的大小的实数称为 A 发生的概率,记做 $P(A)$,它满足下面三个条件:

(1)非负性:$P(A)\geqslant 0$;

(2)规范性:$P(\Omega)=1$;

(3)可列可加性:若 $A_1,A_2,\cdots,A_n$ 是 n 个两两互不相容的事件,则有:

$$P(A_1\cup A_2\cup\cdots\cup A_n)=P(A_1)+P(A_2)+\cdots+P(A_n)$$

(六)确定概率的古典方法

1. 样本空间的元素(即基本事件)有限,不妨设为 n 个,并记它们为 $\omega_1,\omega_2,\cdots,\omega_n$;

2. 每个基本事件出现的可能性是相等的,即有 $P(\omega_1)=P(\omega_2)=\cdots=P(\omega_n)$。

对于古典型的随机试验,事件 A 发生的概率计算方法为:

$$P(A)=\frac{A\text{ 包含的基本事件数}}{\text{基本事件总数}}=\frac{n_A}{n}$$

(七)概率的运算规则

1. 加法定理:对于任意两个事件 A 与 B,有 $P(AUB)=P(A)+P(B)-P(AB)$,特别的,当 A 与 B 互不相容时,有 $P(AUB)=P(A)+P(B)$。

设事件 $A_1,A_2,\cdots,A_n$ 两两互不相容,则有:

$$P(A_1+A_2+\cdots+A_n)=P(A_1)+P(A_2)+\cdots+P(A_n)$$

2. 乘法公式:$P(AB)=P(B)P(A\mid B)=P(A)P(B\mid A)$,其中 $P(A\mid B)$,$P(B\mid A)$为条件概率。

3. 全概率公式:若事件 $A_1,A_2,\cdots,A_k$ 为完备事件组,即满足条件:

①$A_1,A_2,\cdots,A_k$ 两两互斥,$P(A_i)>0$;

②$A_1+A_2+\cdots+A_k=\Omega$

则对任一事件 B,都有:

$$P(B)=P(A_1B)+P(A_2B)+\cdots+P(A_kB)=\sum_{i=1}^{k}P(A_i)P(B\mid A_i)$$

4. 贝叶斯公式:如果事件组 $A_1,A_2,\cdots,A_k$ 为完备事件组,则对任一事件 B(其 $P(B)\neq 0$),都有:

$$P(A_i\mid B)=\frac{P(A_i)P(B\mid A_i)}{\sum_{i=1}^{k}P(A_i)P(B\mid A_i)}$$

二、随机变量及其数字特征

(一)随机变量

是试验结果和实数之间的一个对应关系,对于样本空间 Ω 中的每个样本点 ω,都对应着一个确切的实数 $X(\omega)$,则称 $X(\omega)$ 为随机变量。

(二)离散型随机变量的概率分布

1. $P(x_i) \geqslant 0, i=1,2,\cdots$

2. $\sum_{i=1}^{\infty} P(x_i)=1$

(三)常见的离散型随机变量

1. 二项分布:在 n 重贝努里试验中,事件 A 恰好发生 k 次的概率为:

$$p(X=k)=C_n^k p^k q^{n-k}, \quad k=0,1,2,\cdots,n$$

记为 $X \sim B(n,p)$,其中 $0<p<1$。

2. 超几何分布:$P(X=k)=\dfrac{C_M^k C_{N-M}^{n-k}}{C_N^n}$,$k=0,1,2,\cdots,\min(M,n)$。

3. 泊松分布:$P(X=k)=\dfrac{\lambda^k}{k!}e^{-\lambda}$,$k=0,1,2,\cdots$,其中 $\lambda>0$。

(四)连续型随机变量的分布

若对于随机变量 X 的分布函数 $F(x)$,存在非负函数 $p(x)$,使对 X 的任意实数有 $F(x)=P(X \leqslant x)=\int_{-\infty}^{x} p(x)dx$,则称 X 为连续型随机变量,$p(x)$ 称为 X 的概率密度函数。

(五)常见的连续型随机变量

1. 正态分布

如果随机变量 X 的概率密度函数和分布函数分别为:

$$p(x)=\frac{1}{\sqrt{2\pi}\sigma}e^{-\frac{(x-\mu)^2}{2\sigma^2}}, \quad -\infty<x<+\infty$$

$$\Phi(x)=\frac{1}{\sqrt{2\pi}\sigma}\int_{-\infty}^{x} e^{-\frac{(x-\mu)^2}{2\sigma^2}}dx, \quad -\infty<x<+\infty$$

称 X 服从参数为 μ 和 σ 的正态分布,记作 $X \sim N(\mu,\sigma^2)$。

2. 指数分布

若随机变量 X 的概率密度和分布函数分别为:

$$P(x)=\begin{cases}\lambda e^{-\lambda x}, & x\geqslant 0\\ 0, & x<0\end{cases},\quad F(x)=\begin{cases}1-e^{-\lambda x}, & x\geqslant 0\\ 0, & x<0\end{cases}$$

则称 X 服从参数为 λ 的指数分布,记为 $X\sim Exp(\lambda)$。

(六)数学期望

随机变量 X 的数学期望指随机变量的均值,反映随机变量的集中趋势,记为 $E(X)$ 或 μ。

当随机变量 X 为离散型时, $E(X)=\sum_{i=1}^{\infty}x_i p(x_i)$;

当随机变量 X 为连续型时, $E(X)=\int_{-\infty}^{+\infty}xp(x)dx$。

数学期望具有下述性质:

设 C 是常数,则 $E(C)=C$。

设 C 是常数, X 是随机变量,则 $E(CX)=CE(X)$。

设 $X_1,X_2,\cdots,X_n$ 是 n 个随机变量,则有:

$$E(X_1+X_2+\cdots+X_n)=E(X_1)+E(X_2)+\cdots+E(X_n)$$

若 X_1 与 X_2 相互独立,则 $E(X_1X_2)=E(X_1)E(X_2)$。

(七)方差和标准差

随机变量 X 的方差(Variance)定义为 $E[X-E(X)]^2$,记为 $V(X)$ 或 σ^2,方差的算术平方根称为标准差,记作 σ。

当随机变量是离散型时, $V(X)=\sum_{i=1}^{\infty}[X-E(X)]^2\cdot p(x_i)$;

当随机变量是连续型时, $V(X)=\int_{-\infty}^{+\infty}[X-E(X)]^2\cdot p(x)dx$。

方差具有如下性质:

1. 设 C 是常数,则 $V(C)=0$。
2. 设 K 是常数, X 是随机变量,则 $V(KX)=K^2V(X)$。
3. 设 $X_1,X_2,\cdots,X_n$ 为 n 个相互独立的随机变量,则有:

$$V(X_1+X_2+\cdots+X_n)=V(X_1)+V(X_2)+\cdots+V(X_n)$$

三、大数法则和中心极限定理

(一)贝努里大数定律

设 n_A 是 n 次独立重复试验中事件 A 发生的次数。 p 是事件 A 在每次试验中发生的概率,则对于任意正数 $\varepsilon>0$,有:

$$\lim_{n\to\infty} p\left\{\left|\frac{n_A}{n}-p\right|<\varepsilon\right\}=1 \quad 或 \quad \lim_{n\to\infty} p\left\{\left|\frac{n_A}{n}-p\right|\geqslant\varepsilon\right\}=0$$

（二）辛钦大数定律

设随机变量 $\xi_1,\xi_2,\cdots,\xi_n$ 独立同分布，且具有有限的数学期望 $E\xi_1=\mu$，则对于任意正数 $\varepsilon>0$，有：$\lim\limits_{n\to\infty} p\left\{\left|\frac{1}{n}\sum\limits_{i=1}^{n}\xi_i-\mu\right|<\varepsilon\right\}=1$。

（三）中心极限定理

设 $X_1,X_2,\cdots,X_n$ 是独立同分布的一组随机变量，且存在有限的数学期望 $E(X_i)=\mu$ 和方差 $V(X_i)=\sigma^2$，$i=1,2,\cdots,n$。设 $\bar{X}=\frac{1}{n}\sum\limits_{i=1}^{n}X_i$，当 $n\to\infty$ 时，则 $\bar{X}\sim N(\mu,\frac{\sigma^2}{n})$。

附录：常见随机变量的数字特征

分布	概率密度	期望	方差
二项分布	$p(X=k)=C_n^k p^k q^{n-k},\ k=0,1,2,\cdots,n$	np	npq
超几何分布	$P(X=k)=\dfrac{C_M^k C_{N-M}^{n-k}}{C_N^n}$，$k=0,1,2,\cdots,\min(M,N)$	$\dfrac{nM}{N}$	$\dfrac{nM}{N}\left(1-\dfrac{M}{N}\right)\dfrac{N-n}{N-1}$
泊松分布	$P(X=k)=\dfrac{C_M^k C_{N-M}^{n-k}}{C_N^n},\ k=0,1,2,\cdots$	λ	λ
正态分布	$p(x)=\dfrac{1}{\sqrt{2\pi}\sigma}e^{-\frac{(x-\mu)^2}{2\sigma^2}},\ -\infty<x<+\infty$	μ	σ^2
指数分布	$P(x)=\begin{cases}\lambda e^{-\lambda x}, & x\geqslant0\\ 0, & x<0\end{cases}$	$\dfrac{1}{\lambda}$	$\dfrac{1}{\lambda^2}$
χ^2 分布	$f(x)=\dfrac{\left(\frac{1}{2}\right)^{\frac{n}{2}}}{\Gamma\left(\frac{n}{2}\right)}x^{\frac{n}{2}-1}e^{-\frac{x}{2}},\ x>0$	n	$2n$
T 分布	$f(x)=\dfrac{\Gamma\left(\frac{n}{2}+1\right)}{\sqrt{n\pi}\Gamma\left(\frac{n}{2}\right)}\left(1+\dfrac{x^2}{n}\right)^{-\frac{n+1}{2}}$	0 $(n>1)$	$\dfrac{n}{n-2}$ $(n>2)$
F 分布	$f(x)=\dfrac{\Gamma\left(\frac{m+n}{2}\right)\left(\frac{m}{n}\right)^{\frac{m}{2}}}{\Gamma\left(\frac{m}{2}\right)\Gamma\left(\frac{n}{2}\right)}x^{\frac{m}{2}-1}$ $\left(1+\dfrac{m}{n}x\right)^{\frac{m+n}{n}},\ x>0$	$\dfrac{m}{m-2}$ $(m>2)$	$\dfrac{2m^2(n+m-2)}{n(m-2)^2(m-4)}$ $(m>4)$

基本要求

一、学习要求

1. 了解样本空间的概念,理解随机事件的概念,掌握事件之间的关系与运算。

2. 了解概率的定义(古典概率,几何概率,概率的统计定义和概率的公理化定义),掌握概率的性质并且会应用性质进行概率的计算。

3. 理解条件概率的概念,掌握概率的加法公式、乘法公式、全概率公式和贝叶斯公式,并会用这些公式进行概率计算。

4. 理解随机变量的概念、离散型随机变量及分布列的概念和性质,会利用分布列计算概率。

5. 掌握二项分布、泊松(Poisson)分布、超几何分布。

6. 理解连续性随机变量的概念,会求简单随机变量函数的概率分布。

7. 掌握正态分布,指数分布以及有关的性质。

8. 理解数学期望与方差的概念,掌握它们的性质与计算。

9. 掌握常见的离散和连续性随机变量的数学期望和方差。

10. 了解大数定理和中心极限定理,掌握中心极限定理的应用。

二、学习重点

1. 概率的定义与性质,概率的加法公式,条件概率与概率的乘法公式,事件之间的关系与运算,全概率公式与贝叶斯公式,贝努里概型。

2. 离散型随机变量概率分布及其性质,常见的几种离散型随机变量分布。

3. 连续型随机变量概念,常见的几种连续型随机变量及其性质。

4. 随机变量的数字特征,常见的几种随机变量的数字特征。

三、学习难点

1. 古典概型的求解,乘法公式、全概率公式、贝叶斯公式的应用。

2. 不同类型随机变量的概率分布的描述,随机变量函数的分布。

3. 连续型随机变量概念。

4. 随机变量数字特征的计算。

练 习 题

一、填空题

1. 一般我们称随机试验的样本空间的子集为________________，仅由一个样本点组成的单点集称为________________。

2. 随机事件 A 发生的概率就是事件 A 发生__________大小的度量，记作__________，概率具体数值介于和__________之间，当事件为必然事件时，其值为__________，当事件为不可能事件时，其值为__________。

3. 概率为 0 的事件______为不可能事件，概率为 1 的事件__________是必然事件。

4. 已知 $P(A|B)=0.7$，$P(A|\overline{B})=0.3$，$P(B|A)=0.6$，那么 $P(A)$ $=$______________。

5. 若事件 A、B 满足____________________和____________________，则称 A、B 为对立事件。

6. 设 A、B 为任意二事件，则 $P(A-B)=$________________________。

7. 已知事件 A、B 相互独立，且 $P(A)=0.7$，$P(B)=0.6$，则 $P(AUB)$ 为__________。

8. $P(A)=p$，$P(B)=q$，且 $P(AUB)=\gamma$，则 $P(\bar{A}B)=$________________；若 A、B 相互独立，则 $P(\bar{A}B)=$________________________。

9. 某同学投篮，每次投中的概率为 0.7，现独立投篮 5 次，则恰投中四次的概率为________。

10. 某函数为 $P(\xi=k)=\dfrac{C}{k}$，$(k=1,2,3,4,5)$，当 C 等于______时，才能使其成为概率函数。

11. 连续型随机变量 ξ 的分布函数 $F(X)$ 与密度函数 $p(x)$ 之间有关系式 $F(X)=$__________，对于 $p(x)$ 的连续点 X 而言，有 $F'(X)=$____________。

12. 随机变量 ξ 的______通常被称为数学期望，反映了变量可能取值的______水平；方差则是随机变量的____________期望，反映了变量的____________程度。

二、单项选择题

1. 设 A、B 二随机事件,且 $B \subset A$,则下列各式子中正确的是(　　)。

A. $P(AB)=P(A)$　　B. $P(B|A)=P(B)$

C. $P(A \cup B)=P(A)$　　D. $P(B-A)=P(B)-P(A)$

2. 设随机事件 A、B 互斥,则(　　)。

A. A、B 相互独立　　B. $P(A \cup B)=1$

C. $P(A \cup B)=P(A)+P(B)$　　D. $P(AB)=P(A)P(B)$

3. 设事件 A、B 相互独立,则(　　)。

A. A、B 互不相容　　B. $\bar{A}$、$\overline{B}$ 互不相容

C. $P(A \cup B)=P(A)+P(B)$　　D. $P(AB)=P(A)P(B)$

4. 若 $P(A)=P(B)>0$,则(　　)。

A. $A=B$　　B. $P(A|B)=1$

C. $P(B|A)=P(A|B)$　　D. $P(B|A)+P(A|B)=1$

5. 设事件 A、B 相互独立且互斥,则 $\min\{P(A),P(B)\}=$(　　)。

A. $P(A)$　　B. $P(B)$

C. 0　　D. $\dfrac{P(A)+P(B)}{2}$

6. 一电话交换台每分钟接到的呼唤次数 ξ 服从 $\lambda=4$ 的泊松分布,那么每分钟接到的呼唤次数大于 20 的概率是(　　)。

A. $\dfrac{420}{20!}e^{-4}$　　B. $\sum\limits_{k=20}^{\infty}\dfrac{4^k}{k!}e^{-4}$

C. $\sum\limits_{k=21}^{\infty}\dfrac{4^k}{20!}e^{-4}$　　D. $\sum\limits_{k=21}^{\infty}\dfrac{4^k}{k!}e^{-4}$

7. 若 $\xi \sim N(2,2)$,则 ξ 的分布密度为(　　)。

A. $p(x)=\dfrac{1}{2\pi}e^{\frac{-(x-2)}{2\sqrt{2}}}, -\infty < x < +\infty$

B. $p(x)=\dfrac{1}{2\sqrt{2\pi}}e^{-\frac{(x-2)^2}{4}}, -\infty < x < +\infty$

C. $p(x)=\dfrac{1}{2\sqrt{2\pi}}e^{-\frac{x^2}{4}}, -\infty < x < +\infty$

D. $p(x)=\dfrac{1}{2\sqrt{\pi}}e^{-\frac{(x-2)^2}{4}}, -\infty < x < +\infty$

8. $\xi \sim N(\mu, \sigma^2)$，当 σ 变小时，概率 $P(|\xi-\mu|<3\sigma)$ 将（　　）。

A. 变小　　B. 不变

C. 变大　　D. 可能变大也可能变小

9. 设随机变量 ξ 的分布密度为 $p(x)$，$\eta=-\xi$，则 η 的分布密度是（　　）。

A. $-p(x)$　　B. $1-p(-x)$

C. $p(x)$　　D. $p(-x)$

10. 设 ξ 为一随机变量，$D\xi<\infty$，$\eta=a\xi+b$（其中 a,b 为常数），则必有（　　）。

A. $D\eta=D\xi$　　B. $D\eta=aD\xi$

C. $D\eta=a^2D\xi$　　D. $D\eta=a^2D\xi+b$

11. 设 ξ 为一随机变量，$D\xi<\infty$，则必有（　　）。

A. $(E\xi)^2=E\xi^2$　　B. $(E\xi)^2\geqslant E\xi^2$

C. $(E\xi)^2>E\xi^2$　　D. $(E\xi)^2\leqslant E\xi^2$

12. 已知随机变量 ξ 服从二项分布，且 $E\xi=2.4$，$D\xi=1.44$，则二项分布的参数 n,p 的值为（　　）。

A. $n=4, p=0.6$　　B. $n=6, p=0.4$

C. $n=8, p=0.3$　　D. $n=24, p=0.1$

13. 设随机事件 A 与 B 互不相容，且 $P(A)>P(B)>0$，则（　　）。

A. $P(A)=1-P(B)$　　B. $P(AB)=P(A)P(B)$

C. $P(A\cup B)=1$　　D. $P(\overline{AB})=1$

三、多项选择题

1. 从装有 3 只红球 2 只白球的袋中任取 2 球，记 $A=$“取到 2 只白球”，则 $\bar{A}=$（　　）。

A. 取到 2 只白球　　B. 取到白球数小于 2

C. 没有取到白球　　D. 至少取到一只红球

2. 设 A、B 为二随机事件，则 $\overline{AB}=$（　　）。

A. $A\cup B$　　B. $\Omega-AB$

C. $\bar{A}\cup\bar{B}$　　D. $\overline{A\cup B}$

3. 设事件 A 与事件 B 为逆事件，且 $P(A)>0$，$P(B)>0$，则（　　）。

A. A 与 B 必互斥　　B. A 与 B 不一定互斥

C. A 与 B 必不相互独立　　D. A 与 B 不一定独立

4. 关于事件的独立性,下列结论正确的有(　　)。

A. A 与 B 相互独立,则 $\bar{A}$ 与 B 相互独立

B. A 与 B 相互独立,则 $\bar{A}$ 与 $\bar{B}$ 相互独立

C. $A_1, A_2, \cdots, A_n$ 两两独立,则 $A_1, A_2, \cdots, A_n$ 相互独立

D. 若 $P(A_1A_2\cdots A_n)=P(A_1)P(A_2)\cdots P(A_n)$,则 $A_1, A_2, \cdots, A_n$ 相互独立

5. 设仓库里有 10000 只日光灯管,已知其中有 100 只是坏的。现对仓库中日光灯管作不放回抽样检验,连续 10 次,每次 1 只,则 10 次抽样中抽到坏日光灯管的次数 ξ(　　)。

A. 服从二项分布 $B(10000, 0.01)$

B. 服从二项分布 $B(10, 0.01)$

C. 服从超几何分布 $P(\xi=k)=\dfrac{C_{9900}^{10-k}\times C_{100}^{k}}{C_{10000}^{10}}$

D. 近似服从二项分布 $B(10, 0.01)$

6. 设 $\xi \sim U(1,7)$,则(　　)。

A. $P(2<\xi<3)<P(2\leqslant\xi\leqslant3)$　　B. $P(2<\xi<3)=P(2\leqslant\xi\leqslant3)$

C. $P(1<\xi<4)=P(3\leqslant\xi\leqslant6)$　　D. 事件“$\xi<7$”是必然事件

7. 设 $F(x)$是连续型随机变量 ξ 的分布函数,x_1, x_2 为数轴上任意两点,且有 $x_1<x_2$,则(　　)。

A. $F(x_1)<F(x_2)$

B. $F(x_1)\leqslant F(x_2)$

C. $F(x)$在 x_1 处连续

D. $F(x)$在 x_1 处右连续但不一定左连续

8. 设 $F(x)$是连续型随机变量 ξ 的分布函数,对任意实数 $x_1, x_2, x_1<x_2$,有 $F(x_2)-F(x_1)=$(　　)。

A. $P(x_1<X\leqslant x_2)$　　B. $P(x_1\leqslant X\leqslant x_2)$

C. $P(x_1<X<x_2)$　　D. $P(x_1\leqslant X<x_2)$

9. 设 $\xi \sim N(0,1)$,则 $P(\xi>-3)$等于(　　)。

A. $\Phi(-3)$　　B. $1-\Phi(-3)$

C. $\Phi(3)$　　D. $1-\Phi(3)$

四、计算题

1. 设随机变量 X 的密度函数为：

$$p(x)=\begin{cases}Ax^2e^{-kx}, & x>0,k>0\\ 0, & x\leqslant 0\end{cases}$$

(1)确定参数 A；(2)计算概率 $P(0<X<\frac{1}{k})$。

2. 利用 A、B、C 间的运算表示下列事件：

(1)A 不发生；(2)A 发生，但 B、C 不发生；

(3)A 不发生，但 B、C 中至少有一个发生；

(4)A、B、C 中至多发生两件；(5)A、B、C 中至少有一个发生。

3. 甲袋有白球 3 只，红球 7 只，黑球 15 只。乙袋有白球 10 只，红球 6 只，黑球 9 只。现从两袋中各取一个，试求两球颜色相同的概率。

4. 设一袋中有编号为1,2,3…,9的球共九只,某人从中依次不放回地选取3只球,试求:

(1)取到1号球的概率;(2)最小号码为5的概率;

(3)所取号码从小到大排序中间一个恰为5的概率;

(4)2号球或3号球至少有一个没有取到的概率。

5. 设某种动物由出生活到20岁的概率为0.8,而活到25岁的概率为0.4。问现龄为20岁的这种动物能活到25岁的概率是多少?

6. 已知随机变量 $X \sim B(20, 0.4)$,试用正态分布近似计算以下概率:

(1)$P(X \leqslant 4)$ (2)$P(4 \leqslant X \leqslant 11)$ (3)$P(X \geqslant 6)$

7. 设某股民在股票交易中,每次判断正确的概率是60%。该股民最近作了100次交易,试求至少有50次判断正确的概率。

第七章
抽样推断与检验

内容提要

一、抽样中的几个基本概念

（一）抽样推断

抽样推断是在抽样调查的基础上，利用样本的实际资料计算样本指标（统计量），并据以推算总体相应特征值（总体参数）的一种统计分析方法。

抽样推断具有如下特点：

第一，抽样推断是建立在随机取样的基础上。按随机原则抽取样本单位，是抽样推断的前提；

第二，抽样推断是由部分推算整体的一种认识方法；

第三，抽样推断以概率论中的大数法则和中心极限定理为理论依据；

第四，抽样误差可以事先计算和控制。

（二）参数

参数就是抽样推断所要推断的总体指标。常用的总体参数有总体平均数 μ 和总体方差 σ^2（或总体标准差 σ）。

（三）统计量

统计量是根据样本各单位标志值或标志属性计算的综合指标。与常用的总体参数相对应，有样本平均数、样本方差和样本成数等。以小写字母表示。

（四）重复抽样与不重复抽样

抽样的基本方法有重复抽样和不重复抽样两种。重复抽样也称有放回抽样，是从总体中抽取样本时，随机抽取一个样本单位，记录该单位有关标志表现以后，把它放回到总体中去，然后，再从总体中随机抽取第二个样本单位，记录它的有关标志表现以后，也把它放回总体中去参加下一次抽取，照此下去直到抽满 n 个样本单位为止。

不重复抽样也称不放回抽样，它是从总体中抽取第一个样本单位，记录该单位有关标志表现后，这个样本单位不再放回总体中参加下一次抽取，然后，再从总体 $N-1$ 个单位中随机抽取第二个样本单位，记录了该单位有关标志表现后，该样本单位也不放回总体中去，再从总体 $N-2$ 个单位中抽取第三个样本单位，照此下去直到抽选出第 n 个样本单位为止。或者是一次就从总体的 N 个单位中抽取 n 个单位组成样本。

二、参数估计

1. 参数估计

参数估计就是利用实际调查计算的样本统计量的值来估计相应的总体指标的数值。由于总体指标是表明总体数量特征的参数，所以叫参数估计。参数估计方法有点估计和区间估计两种。

2. 点估计

点估计的基本特点是，根据总体指标的结构形式设计样本指标（称统计量）作为总体参数的估计量，并以样本指标的实际值直接作为相应总体参数的估计值。

优良点估计量应满足三个方面的条件：无偏性（Unbiasedness）、有效性（Availability）、一致性（Consistent）。

3. 区间估计

区间估计就是用一个区间去估计未知参数，即把未知参数值估计在某两个界限之间。

三、假设检验

1. 假设检验

假设检验是统计推断的一项重要组成部分，它是先对研究总体的参数做出某种假设，然后通过样本的观察来决定假设是否成立。假设一般包括两部分：原假设 H_0 和备择假设 H_1。

2. 假设检验中的两类错误

根据检验统计量的计算结果，如果不能否定原假设，仅仅意味着我们由于没有足够的证据否定它，才接受了原假设，并不意味着它的确是正确的。

当根据计算结果，做出决策时，可能会出现如下四种情况，如下表所示。

表 7—1　假设检验中各种可能结果的概率

实际情况	接受 H_0，拒绝 H_1	拒绝 H_0，接受 H_1
H_0 为真	$1-\alpha$（正确决策）	α（弃真错误）
H_0 为伪	β（取伪错误）	$1-\beta$（正确决策）

基本要求

一、学习要求

1. 掌握抽样推断、参数、统计量的相关概念；
2. 掌握参数估计的概念；
3. 了解点估计优良的判断标准；
4. 熟练掌握参数的区间估计方法；
4. 理解假设检验基本思想和操作流程，能对实际问题进行假设检验。

二、学习重点

1. 参数的区间估计方法；
2. 理解假设检验基本思想和操作流程。

三、学习难点

理解假设检验基本思想和操作流程。

练　习　题

一、填空题

1. 整群抽样是对被抽中群内的____________进行____________的抽样组织方式。

2. 常用的离散型随机变量分布包括______________、二项分布和______________。

3. 简单随机抽样的成数抽样平均误差计算公式是:重复抽样条件下:________________;不重复抽样条件下:________________。

4. 误差范围△,概率度 t 和抽样平均误差 σ 之间的关系表达式为____________。

5. 对总体指标提出的假设可以分为原假设和________。

6. 简单随机抽样在抽选样本单位时要遵守__________原则,使样本单位被抽中的机会________。

7. 常用的总体指标有________、________、________。

8. 在抽样估计中,样本指标又称为________量,总体指标又称为________。

9. 全及总体标志变异程度越大,抽样误差就______;全及总体标志变异程度越小,抽样误差______。

10. 抽样估计的方法有________和__________两种。

11. 优良点估计量应满足三个方面的条件:______________、______________、______________。

12. 区间估计就是用一个________去估计未知参数。

13. ________是根据样本各单位标志值或标志属性计算的综合指标。

14. 抽样的基本方法有__________和__________两种。

二、单项选择题

1. 对入库的一批产品抽检 10 件,其中 9 件合格,保证合格率不低于 80% 概率是(　　)。

A. 95.45%　　B. 99.7396

C. 68.27%　　D. 90%

2. 在简单随机重复抽样情况下,若要求允许误差为原来的 2/3,则样本容量(　　)。

A. 扩大为原来的 3 倍　　B. 扩大为原来的 2/3 倍

C. 扩大为原来的 4/9 倍　　D. 扩大为原来的 2.25 倍

3. 假设检验是检验下列哪个的假设值是否成立(　　)。

A. 样本指标　　B. 总体指标

C. 样本方差　　D. 样本平均数

4. 在假设检验中的临界区域是(　　)。

A. 接受域　　B. 拒受域

C. 置信区间　　D. 检验域

5. 假设检验和区间估计之间的关系,下列说法正确的是(　　)。

A. 虽然概念不同,但实质相同

B. 两者完全没有关系

C. 互相对应关系

D. 不能从数量上讨论它们之间的对应关系

6. 所谓大样本是指样本单位数在(　　)。

A. 30 个以上　　B. 50 个以上

C. 80 个以上　　D. 100 个以上

7. 抽样指标与总体指标之间抽样误差的可能范围是(　　)。

A. 抽样平均误差　　B. 抽样极限误差

C. 区间估计范围　　D. 置信区间

8. 抽样平均误差说明抽样指标与总体指标之间的(　　)。

A. 实际误差　　B. 平均误差

C. 实际误差的平方　　D. 允许误差

9. 成数方差的计算公式(　　)。

A. $P(1-P)$　　B. $P(1-P)^2$

C. $\sqrt{P(1-P)}$　　D. $P^2(1-P)$

10. 总体平均数和样本平均数之间的关系是(　　)。

A. 总体平均数是确定值,样本平均数是随机变量

B. 总体平均数是随机变量,样本平均数是确定值

C. 两者都是随机变量

D. 两者都是确定值

11. 从总体 N 个单位中,用不重复抽样的方法,抽取 n 个单位的样本,可能出现的样本种数为(　　)。

A. N　　B. n

C. $N(N-1)$　　D. C_N^n

12. 成数的抽样平均误差表明各样本成数和总体成数绝对离差的(　　)。

A. 最高水平　　B. 最低水平

C. 一般水平　　D. 大致水平

13. 抽样推断是在抽样调查的基础上,利用样本的实际资料计算(　　),并据以推算总体相应特征值(总体参数)的一种统计分析方法。

A. 样本指标　　B. 总体指标

C. 个体指标　　D. 任意指标

三、多项选择题

1. 参数估计方法有(　　)。
   A. 点估计　　B. 区间估计
   C. 统计估计　　D. 抽样估计
   E. 假设检验
2. 衡量点估计量好坏的标准有(　　)。
   A. 无偏性　　B. 一致性
   C. 有效性　　D. 可靠性
   E. 随机性
3. 根据样本指标,分析总体的假设值是否成立的统计方法称为(　　)。
   A. 抽样估计　　B. 假设检验
   C. 统计抽样　　D. 显著性检验
   E. 统计推断法
4. 总体平均数的假设检验方法通常有(　　)。
   A. U 检验法　　B. T 检验法
   C. χ^2 检验法　　D. F 检验法
   E. 几何检验法
5. 常用连续性随机变量的概率分布有(　　)。
   A. 均匀分布　　B. 指数分布
   C. 正态分布　　D. χ^2 分布
   E. 二项分布
6. 影响抽样误差大小的因素有(　　)。
   A. 抽样组织方式和抽样方法不同　　B. 全及总体的标志变动度的大小
   C. 样本单位数的多少　　D. 抽样总体标志变动度的大小
   E. 抽样的随机性
7. 常用的样本指标有(　　)。
   A. 样本平均数　　B. 样本成数
   C. 抽样误差　　D. 样本方差
   E. 标准差
8. 在简单随机重复抽样条件下,抽样单位数 n 的计算公式为(　　)。

A. $n=\frac{t^2\sigma^2}{\Delta x^2}$

B. $n=\frac{t^2N\sigma^2}{N\Delta x^2+t^2\sigma^2}$

C. $n=\frac{t^2p(1-p)}{\Delta_p^2}$

D. $n=\frac{t^2Np(1-p)}{N\Delta p^2+t^2p(1-p)}$

E. $n=\frac{t^2p^2(1-p)^2}{Np^2}$

9. 在总体 2000 个单位中，抽取 20 个单位进行调查，下列各项正确的是(　　)。

A. 样本单位数是 20 个

B. 样本个数是 20 个

C. 一个样本有 20 个单位

D. 样本容量是 20 个

E. 是一个小样本

10. 若进行区间估计，应掌握的指标数值是(　　)。

A. 样本指标

B. 概率度

C. 总体单位数

D. 抽样平均误差

E. 样本单位数

11. 基本的抽样方式有(　　)。

A. 简单随机抽样

B. 类型抽样

C. 等距抽样

D. 整群抽样

E. 不重复抽样

12. 同简单随机抽样相比，分层抽样具有以下特点(　　)。

A. 能够充分地利用关于总体的各种已知信息进行分层

B. 可以提高估计量的精度

C. 代表性也更好

D. 抽样的随机性更强

E. 层内差异大大减弱

13. 根据检验形式的不同，假设检验可以分为(　　)。

A. 双侧检验

B. 左侧检验

C. 右侧检验

D. 正态检验

E. 单侧检验

四、判断题

1. 相同条件下，不重复抽样的抽样误差一定小于重复抽样的抽样误差。(　　)

2. 在不重复抽样的情况下,若调查的单位数为全及总体的10%,则所计算的抽样平均误差比重复抽样计算的抽样误差少10%。 ( )

3. 假设检验主要是检验在抽样调查情况下所得到的样本指标是否真实。 ( )

4. 正态分布总体有两个参数,一个是均值(期望值),一个是均方差,这两个参数确定以后,一个正态分布也就确定了。 ( )

5. 原假设的接受与否,与选择的检验统计量有关,与 a(显著性水平)无关。 ( )

6. 抽样调查就是凭主观意识,从总体中抽取部分单位进行调查。 ( )

7. 所有可能的样本平均数的平均数,等于总体平均数。 ( )

8. 抽样误差是不可避免的,但人们可以调整总体方差的大小来控制抽样误差的大小。 ( )

9. 样本单位数的多少可以影响抽样误差的大小,而总体标志变异程度的大小和抽样误差无关。 ( )

10. 抽样估计中的点估计就是被估计的总体指标直接等于样本指标。 ( )

11. 假设检验的第一类错误类型就是弃真类型。 ( )

12. 在假设检验中运用的是概率反证法原理,其理论依据是"小概率原理",即小概率事件在一次实验中几乎是不会发生的推断原理。 ( )

13. 在假设检验中显著水平一般是一个固定不变的数字。 ( )

五、简答题

1. 什么是假设检验?

2. 什么是随机原则?在抽样调查中为什么要遵循随机原则?

3. 样本和总体有什么区别和联系?

4. 影响抽样误差的因素有哪些?

5. 抽样误差、抽样极限误差和概率度三者之间有何关系?

6. 什么是假设检验的第一类错误和第二类错误?

六、计算题

1. 简单随机重复抽样中,若抽样单位数增加3倍,则抽样平均误差如何变化?若抽样允许误差扩大为原来的2倍,则抽样单位数如何变化?若抽样允许误差缩小为原来的1/2倍时,抽样单位数如何变化?

2. 在某社区随机抽取40名男子的身高进行调查,得其平均身高为168厘米,已知该社区全体男子身高的标准差为8厘米,试求总体均值(该社区全体男子平均身高)μ 的0.95的置信区间。

3. 某工厂随机选取10只部件,测得其装配时间(分)为:9.8,10.4,10.6,9.6,9.7,9.9,10.9,11.1,9.6,10.2。设装配时间的总体服从正态分布 $N(\mu,\sigma^2)$,μ,σ^2 均未知。是否可以认为装配时间的均值显著地大于10(取 $\alpha=0.05$)?

4. 工商部门对某超市经销的小包装休闲食品进行重量合格抽查,规定每包重量不低于30克,在1000包食品中抽1%进行检验,结果如下表。

按重量分组(克)	包数(包)
26~27	1
27~28	3
28~29	3
29~30	2
30~31	1
合计	10

试以 95.45%概率推算：

(1)这批食品的平均每包重量是否符合规定要求；

(2)若每包食品重量低于 30 克为不合格，求合格率的范围。

5. 对某厂日产 10000 个灯泡的使用寿命进行抽样调查，抽取 100 个灯泡，测得其平均寿命为 1800 小时，标准差为 6 小时。要求：

(1)按 68.27%概率计算抽样平均数的极限误差；

(2)按以上条件，若极限误差不超过 0.4 小时，应抽取多少灯泡进行测试？

(3)按以上条件，若概率提高到 95.45%，应抽取多少灯泡进行测试？

(4)若极限误差为 0.6 小时，概率为 95.45%，应抽取多少灯泡进行测试？

(5)通过以上计算，说明允许误差、抽样单位数和概率之间的关系。

6. 对某区 30 户家庭的月收支情况进行抽样调查，发现平均每户每月用于书报费支出为 45 元，抽样平均误差为 2 元，试问应以多少概率才能保证每户每月书报费支出在 41.08 元至 48.92 元之间？

第八章
相关与回归分析

内容提要

一、相关分析

（一）函数关系与相关关系

1. 函数关系

函数关系是指变量之间存在着严格的数量依存关系，即当一个或几个变量取一定的值时，另一个变量有唯一确定值与之相对应。

函数关系具有以下特点：

（1）变量之间存在着数量上的依存关系；

（2）变量之间数量依存关系的具体关系值是固定的，可以用数学公式表示。

2. 相关关系

相关关系是指变量之间存在着不严格的数量依存关系，即当一个或几个相互联系的变量取一定数值时，与之相对应的另一个变量的取值往往不确定，但它一般按某种规律在一定范围内变化。

相关关系的特点：

（1）变量之间确实存在着数量上的依存关系。

（2）变量之间数量依存关系的具体关系值不固定，难以用数学公式表示。

3. 函数关系与相关关系的联系

函数关系与相关关系虽然是两种不同类型的变量关系，但是它们之间并无严格界限，在一定的条件下是可以互相转化的。

(二)相关关系的类型

变量之间的相关关系按不同的角度,可以分成多种形式:

1. 按研究变量的个数多少,可以分成单相关和复相关;

2. 按相关的密切程度,可以分成完全相关、不完全相关和不相关;

3. 按变量变化的方向,可以分成正相关和负相关;

4. 按变量之间依存关系的形式,可以分成线性相关和非线性相关。

(三)相关分析的内容及特点

1. 相关分析的内容

第一,确定现象之间有无相关关系;

第二,确定相关关系的表现形式;

第三,判定相关关系的密切程度和方向。

2. 相关分析的特点

在相关分析中,所涉及的变量关系对等,即在相关分析中,不必定出哪个变量是自变量 X,哪个变量是因变量 Y。可以根据具体情况,进行统计函数的设定。

(四)相关表和相关图

进行相关分析,首先要判断现象之间是否存在相关关系。通过制作相关表和相关图,可以直观地判断现象之间有无相关关系以及相关关系的类型。

(五)相关系数

1. 相关系数的定义

相关系数是用来说明在直线相关条件下,变量之间相关关系密切程度和方向的统计分析指标。

相关系数的定义公式为:

$$r=\frac{\dfrac{\sum(x-\bar{x})(y-\bar{y})}{n}}{\sqrt{\dfrac{\sum(x-\bar{x})^2}{n}}\sqrt{\dfrac{\sum(y-\bar{y})^2}{n}}}$$

式中:n 表示数据项数,$\bar{x}$ 为自变量 x 的算术平均数,$\bar{y}$ 为因变量 y 的算术平均数。

2. 相关系数计算公式

按照定义公式计算相关系数 r 的运算量较大,特别是 x、y 的平均数为非整数时,计算过程相当烦琐,实践中常采用依据定义公式推导的简捷公式,直接

利用原始变量的数值计算相关系数:

$$r=\frac{n\sum xy-\sum x\sum y}{\sqrt{n\sum x^2-\left(\sum x\right)^2}\sqrt{n\sum y^2-\left(\sum y\right)^2}}$$

3. 相关系数计算结果的分析及应用

相关系数由两部分组成:正负符号、绝对数值的大小。正负说明现象之间是正相关还是负相关;绝对数值的大小说明两现象之间线性相关的密切程度。

二、一元线性回归分析

(一)回归分析的内容和类型

1. 回归分析的内容

所谓回归分析,就是对具有相关关系的变量之间变化的关系进行测定与描述,确立一个数学表达式,以便进行估计与预测的方法。

回归分析的具体内容包括以下三个方面:

——确定现象之间相关关系的数学表达模型

——进行回归方程的显著性检验和测定估计标准误差

——运用回归方程进行预测

2. 相关分析与回归分析的区别与联系

(1)相关分析与回归分析的区别

相关分析所研究的两个变量是对等关系,回归分析所研究的两个变量不是对等关系,必须根据研究目的,先确定其中一个是自变量,另一个是因变量。

对两个变量 x 和 y 来说,相关分析只能计算出一个反映两个变量间相关密切程度的相关系数。回归分析中,对互有因果关系的变量,有时可以根据研究目的的不同分别建立两个不同的回归方程。相关分析对资料的要求是:两个变量都必须是随机变量,而回归分析对资料的要求是,自变量是可以控制的变量或给定的变量,而因变量是随机变量。

(2)相关分析与回归分析的联系

相关分析是回归分析的基础和前提。回归分析是相关分析的深入和继续。

3. 回归分析的类型

回归分析可以从不同的角度划分为不同的类型:按回归变量的个数不同可以分为一元回归和多元回归;按回归的形式不同可以分为线性回归和非线性回归。

(二)一元线性回归模型的确定

该类模型假定因变量 y 主要受自变量 x 的影响,它们之间存在着近似的线性函数关系,即

$$\hat{y}=\hat{a}+\hat{b}x$$

在上述一元线性回归模型中,$\hat{y}$ 为回归估计值;a 和 b 表示确定回归直线模型的两个待定参数,通常用最小平方法来求得。a、b 的几何意义是:a 为直线方程的截距,b 为斜率。其经济意义是:a 是当 x 为 0 时 y 的估计值,b 是当 x 每增加一个单位时 y 的平均变化量,b 也称 y 对 x 的回归系数。

(三)参数 a、b 的最小二乘估计

求参数 a、b 的最小二乘估计时有以下两个规范方程式:

$$\begin{cases}\sum y=n\hat{a}+\hat{b}\sum x\\ \sum xy=\hat{a}\sum x+\hat{b}\sum x^2\end{cases}$$

解之即得 $\hat{a}$、$\hat{b}$。

(四)回归系数与相关系数的关系

回归系数 $\hat{b}$ 与相关系数 r 有着非常密切的数量关系,二者之间可互相推算。$\hat{b}$ 与 r 同号且 $\hat{b}$ 正比于 r,这是一个很重要的结论,它为在某些场合下依据 r 来推算 y 随 x 的变动情况提供了理论依据。

(五)回归方程的显著性检验 *

回归参数的估计和回归方程的建立并不是终结,我们必须对其进行检验,如果发现模型有缺陷,则必须回到模型的设定阶段或参数的估计阶段。主要了解显著性 F 检验。

(六)一元线性回归预测

1. 回归点预测

根据一元线性回归模型 $\hat{y}=\hat{a}+\hat{b}x$ 进行预测,其预测值为 $\hat{y}_0=\hat{a}+\hat{b}x_0$。$x_0$ 表示给定 x 具体数值,$\hat{y}_0$ 是 $x=x_0$ 时 y 的预测值,通常也称点估计或点预测。

2. 区间预测

当 $x=x_0$ 时,对应的预测对象 y 的点预测值为 $\hat{y}_0=\hat{a}+\hat{b}x_0$,但是,由于各种因素的影响,在 $x=x_0$ 时,实际上观察到的数值 y_0 一般不会恰好是 $\hat{y}_0$,它们

之间总存在着一定的偏差,即预测误差。我们通常用估计标准误差来说明 $\hat{y}_0$ 与 y 的差异程度。估计标准误差也可以用来说明回归方程代表性的大小,其计算原理与标准差基本相同。标准差说明平均数的代表性,估计标准误差说明回归线的代表性。估计标准误差用 s_{yx} 表示,其基本计算式为:

$$s_{yx}=\sqrt{\frac{\sum(y-\hat{y})^2}{n-2}}$$

式中:s_{yx} 为估计标准误差,y 为因变量实际值,$\hat{y}$ 为因变量估计值,n 为观测值的项数。

实践中,在已知直线回归方程的情况下,通常可采用下列简便公式计算估计标准误差:

$$s_{yx}=\sqrt{\frac{\sum y^2-a\sum y-b\sum xy}{n-2}}$$

一般来说,在大样本时(即 $n>30$ 时),且 x_0 不远离 $\bar{x}$ 时,则可以根据正态分布确定预测区间为:

$$\hat{y}_0-Z_{\frac{\alpha}{2}}s_{yx}\leqslant y_0\leqslant\hat{y}_0+Z_{\frac{\alpha}{2}}s_{yx}$$

当 n 较少,通常 $n<30$ 时,采用 t 分布进行预测。当给定置信概率(即可靠度)$1-\alpha$ 时,y_0 预测区间为:

$$\hat{y}_0-t_{\frac{\alpha}{2}}(n-2)s_{yx}\sqrt{1+\frac{1}{n}+\frac{(x_0-\bar{x})^2}{\sum(x_i-\bar{x})^2}}$$

$$\leqslant y_0\leqslant\hat{y}_0+t_{\frac{\alpha}{2}}(n-2)s_{yx}\sqrt{1+\frac{1}{n}+\frac{(x_0-\bar{x})^2}{\sum(x_i-\bar{x})^2}}$$

其中,$t_{\frac{\alpha}{2}}(n-2)$ 可通过查 t 分布表得到。

三、多元线性回归分析*

多元线性回归分析主要是讨论两个和两个以上自变量对一个因变量的线性关系问题,实际生活中,某一现象的变动往往受多个因素的影响。多元线性回归用变量的观察数据拟合所关心的变量以及影响它变化的变量之间的线性关系式,检验影响变量的显著程度并比较它们的作用大小,进而用两个或多个自变量的变化来解释和预测因变量的变化。与一元线性回归分析相比,多元线性回归分析所涉及的自变量更多，计算工作量更大、更复杂，但两者考虑问题的思路、方法基本相同。

基本要求

一、学习要求

1. 了解相关关系和函数关系的含义、特点及两者之间的区别、联系。通过对函数关系、相关关系的讨论，深刻理解相关分析的意义。

2. 了解相关关系的几个种类。相关关系的种类主要是对现象进行不同角度分组的结果，它可以从变量个数的多少、相关关系的表现形态、相关关系的性质及相关程度等不同角度来考虑相关问题。

3. 掌握两个变量的直线相关分析。需要了解直线相关分析的概念、特点，以及在直线情况下，判断现象有无相关关系的几种常用方法。

4. 了解回归分析的概念，弄清相关分析和回归分析的区别和联系。两者区别表现为：相关分析关心的是变量之间相关的密切程度，回归分析的中心任务则是找出当一个或多个自变量发生变化时，对其具有相关关系的因变量发生影响的统计规律性。两者联系表现为：只有确定了相关关系的变量，才能拟合回归项测模型；只有建立了回归模型，才能最终确定相关关系的形式和性质。

5. 了解回归分析种类，明确简单回归问题。

6. 了解回归分析的特点及内容。

7. 当两个变量确实存在直线相关关系时，应能根据最小平方法原理拟合一元线性回归模型。熟练掌握运用标准方程组或公式，理解参数 $\hat{a}$、$\hat{b}$ 的统计含义，对未分组资料拟合回归直线模型。

二、学习重点

1. 两个变量的直线相关分析；

2. 两个变量的线性回归分析。

三、学习难点

1. 相关关系与函数关系的区别及联系。

2. 相关系数 r 的计算公式。计算公式中某些字母的统计含义及与相关量的对应关系。

3. 相关分析与回归分析的区别与联系。
4. 求解一元线性回归模型参数 a、b 的公式。
5. 回归方程的 F 检验。

练 习 题

一、填空题

1. 相关关系依影响因素的多少分为__________和__________;依相关方向不同分为__________和__________;依相关的表现形式不同分为__________和__________。

2. 在判定现象相关关系密切程度时,主要用__________进行一般性判断,用__________进行数量上的说明。

3. 两个变量之间的相关关系称为__________;在具有相关关系的两个变量中,当一个变量的数值由小变大,而另一个变量的数值却由大变小时,这两个变量之间的关系称为__________。

4. 进行____________分析时,首先要确定哪个是自变量,哪个是因变量,在这一点上与____________分析不同。

5. 估计标准误差是__________与__________之间的标准差,它是说明________的综合指标。

6. 相关系数的取值范围是______________。

7. 完全相关即是__________关系,其相关系数为__________。

8. 相关系数是用于反映__________条件下,两变量相关关系的密切程度和方向的统计指标。

9. 直线相关系数等于零,说明两变量之间__________________;直线相关系数等于1,说明两变量之间__________________;直线相关系数等于−1,说明两变量之间__________________。

10. 对现象之间变量的研究,统计是从两个方面进行的,一方面是研究变量之间关系的________,这种研究称为相关关系;另一方面是研究关于自变量和因变量之间的变动关系,用数学方程式表达,称为__________。

11. 回归方程 $y=a+bx$ 中的参数 a 是________,b 是________。在统计中估计待定参数的常用方法是______________。

12. 求两个变量之间非线性关系的回归线比较复杂,在许多情况下,非线性回归问题可以通过__________化成__________来解决。

13. 用来说明回归方程代表性大小的统计分析指标是______________。

二、单项选择题

1. 相关分析研究的是(　　)。
   A. 变量间的相互依存关系　　B. 变量间的因果关系
   C. 变量间严格的一一对应关系　　D. 变量间的线性关系
2. 下列情况中称为正相关的是(　　)。
   A. 随一个变量增加,另一个变量减少
   B. 随一个变量减少,另一个变量增加
   C. 随一个变量增加,另一个变量相应增加
   D. 随一个变量增加,另一个变量不变
3. 相关系数的取值范围是(　　)。
   A. $-1<r<1$　　B. $0<r<1$
   C. $-1\leqslant r\leqslant 1$　　D. $r>1$
4. 相关系数等于零表明两个变量(　　)。
   A. 是严格的函数关系　　B. 不存在相关关系
   C. 不存在线性相关关系　　D. 存在曲线相关关系
5. 相关分析对资料的要求是(　　)。
   A. 两个变量均为随机的
   B. 两个变量均不是随机的
   C. 自变量是随机的,因变量不是随机的
   D. 自变量不是随机的,因变量是随机的
6. 估计标准误差是反映(　　)。
   A. 平均数代表性的指标　　B. 现象之间相关关系的指标
   C. 回归直线代表性的指标　　D. 平均误差程度的指标
7. 在计算相关系数之前,必须对两个现象进行(　　)。
   A. 定性分析　　B. 定量分析
   C. 回归分析　　D. 可比分析
8. 现象之间相互依存关系的程度越低,则相关系数(　　)。
   A. 越小于 0　　B. 越接近于-1
   C. 超接近于 1　　D. 越接近于 0
9. 现象之间相互关系的类型有(　　)。

A. 函数关系和因果关系　　B. 相关关系和函数关系
C. 相关关系和因果关系　　D. 相关关系和回归关系

10. 产品产量与单件成本的相关系数是－0.88,单位成本与利润率的相关系数是－0.94,产量与利润率之间的相关系数是0.81,因此(　　)。
A. 产量与利润率的相关程度最高
B. 单位成本与利润率的相关程度最高
C. 产量与单位成本的相关程度最高
D. 反映不出哪对变量的相关程度高

11. 年劳动生产率 z(千元)和工人工资 y(元)之间的回归方程为 $z=10+70y$,意味着劳动生产率每提高1千元时,工人工资平均(　　)。
A. 增加80元　　B. 增加70元
C. 减少70元　　D. 减少80元

12. 计算估计标准误差的依据是(　　)。
A. 因变量的随机数值　　B. 因变量的总误差
C. 因变量的回归误差　　D. 因变量的剩余误差

13. 下面的函数关系是(　　)。
A. 销售人员测验成绩与销售额大小的关系
B. 圆周的长度决定于它的半径
C. 家庭的收入和消费的关系
D. 数学成绩与统计学成绩的关系

14. 相关系数 r 的取值范围(　　)。
A. $-\infty<r<+\infty$　　B. $-1\leqslant r\leqslant+1$
C. $-1<r<+1$　　D. $0\leqslant r\leqslant+1$

15. 若要证明两变量之间线性相关程度是高的,则计算出的相关系数应接近于(　　)。
A. +1　　B. 0
C. 0.5　　D. －0.1

16. 回归系数和相关系数的符号是一致的,其符号均可用来判断现象(　　)。
A. 线性相关还是非线性相关　　B. 正相关还是负相关
C. 完全相关还是不完全相关　　D. 单相关还是复相关

17. 某校经济管理类的学生学习统计学的时间(x)与考试成绩(y)之间建立线性回归方程 $\hat{y}=a+bx$。经计算,方程为 $\hat{y}=200-0.8x$,该方程参数的计算(　　)。

A. a 值是明显不对的　　B. b 值是明显不对的

C. a 值和 b 值都是不对的　　D. a 值和 b 值都是正确的

18. 下列现象的相关密切程度最高的是（　　）。

A. 某商店的职工人数与商品销售额之间的相关系数 0.87

B. 流通费用水平与利润率之间的相关关系为－0.94

C. 商品销售额与利润率之间的相关系数为 0.51

D. 商品销售额与流通费用水平的相关系数为－0.81

19. 当相关系数 $r=0$ 时，表明（　　）。

A. 现象之间完全无关　　B. 相关程度较小

C. 现象之间完全相关　　D. 无直线相关关系

20. 下列关系中，属于正相关关系的有（　　）。

A. 合理限度内，施肥量和平均单产量之间的关系

B. 产品产量与单位产品成本之间的关系

C. 商品的流通费用与销售利润之间的关系

D. 流通费用率与商品销售量之间的关系

21. 相关分析是研究（　　）。

A. 变量之间的数量关系　　B. 变量之间的变动关系

C. 变量之间的相互关系的密切程度　　D. 变量之间的因果关系

22. 在回归直线 $\hat{y}=a+bx$，$b<0$，则 x 与 y 之间的相关系数（　　）。

A. $r=0$　　B. $r=1$

C. $0<r<1$　　D. $-1<r<0$

23. 在回归直线 $\hat{y}=a+bx$ 中，b 表示（　　）。

A. 当 x 增加一个单位，y 增加 a 的数量

B. 当 y 增加一个单位时，x 增加 b 的数量

C. 当 x 增加一个单位时，y 的平均增加量

D. 当 y 增加一个单位时，x 的平均增加量

三、多项选择题

1. 现象之间相互联系的类型有（　　）。

A. 函数关系　　B. 相关关系

C. 回归关系　　D. 随机关系

E. 结构关系

2. 判断现象之间有无相关关系的方法有（　　）。

A. 对客观现象作定性分析
B. 对客观现象作回归分析
C. 编制相关表
D. 绘制相关图
E. 计算估计标准误差

3. 下列现象中,属于负相关关系的有(　　)。
A. 商品流转的规模越大,流通费用率则越低
B. 播种面积增加,施肥量增加适当,总产量随之增加
C. 产量增加,产品成本随之降低
D. 煤层厚度增加,工人劳动生产率随之增加

4. 相关分析中的正相关是指(　　)。
A. 随一个变量增加,另一个变量相应增加
B. 随一个变量增加,另一个变量反而减少
C. 随一个变量减少,另一个变量相应减少
D. 随一个变量减少,另一个变量反而增加
E. 随一个变量变动,另一个变量保持不变

5. 依据相关散点图可判定现象之间是(　　)。
A. 正负相关
B. 完全相关
C. 线性相关
D. 曲线相关
E. 零相关

6. 相关散点图(　　)。
A. 适合于描绘各种现象之间的联系
B. 能判定现象之间有无相关关系
C. 能大体判定现象之间的相关程度
D. 能准确反映现象之间相关程度的大小
E. 能判定可采用的最佳数学模型

7. 两个变量相关关系的种类有(　　)。
A. 单相关
B. 复相关
C. 直线相关
D. 曲线相关
E. 正负相关

8. 三个及以上变量相关关系的种类有(　　)。
A. 单相关
B. 复相关
C. 直线相关
D. 曲线相关
E. 正负相关

9. 下列属于相关关系的有(　　)。

A. 农作物产量与施肥量之间
B. 家庭收入与生活费用支出之间
C. 圆面积与圆的半径之间
D. 人的身高和体重之间
E. 劳动生产率与机械化程度之间

10. 相关系数 r(　　)。
A. 适合于计算各种现象之间的相关关系
B. 能准确反映现象之间相关程度的大小
C. 与估计标准误差成反比
D. 其正负完全取决于协方差
E. r 越大,说明相关程度越高

11. 直线相关分析的特点有(　　)。
A. 两个变量是对等关系
B. 两个变量都是随机变量
C. 只能算出一个相关系数
D. 相关系数可正可负
E. r 介于 0—1 之间

12. 直线回归分析的特点有(　　)。
A. 两个变量不是对等关系
B. 两变量都是随机变量
C. 利用最小平方法,可配合直线回归方程
D. 自变量是给定的,因变量是随机的

13. 回归直线方程中的两个变量 x 和 y(　　)。
A. 一个是自变量,一个是因变量
B. 一个是给定的变量,另一个是随机变量
C. 两个都是给定的变量
D. 两个都是随机变量
E. 要根据研究目的来确定哪个是自变量,哪个是因变量

14. 下列哪些现象之间的关系为相关关系(　　)。
A. 家庭收入与消费支出关系
B. 圆的面积与它的半径关系
C. 广告支出与商品销售额关系
D. 单位产品成本与利润关系
E. 在价格固定情况下,销售量与商品销售额关系

15. 相关系数表明两个变量之间的(　　)。
A. 线性关系
B. 因果关系
C. 变异程度
D. 相关方向

E. 相关的密切程度

16. 对于一元线性回归分析来说(　　)。

A. 两变量之间必须明确哪个是自变量,哪个是因变量

B. 回归方程是据以利用自变量的给定值来估计和预测因变量的平均可能值

C. 可能存在着 y 依 x 和 x 依 y 的两个回归方程

D. 回归系数只有正号

17. 可用来判断现象相关方向的指标有(　　)。

A. 相关系数　　B. 回归系数

C. 回归方程参数　　D. 估计标准误

E. x、y 的平均数

18. 单位成本(元)依产量(千件)变化的回归方程为 $\hat{y}=78-2x$,这表示(　　)。

A. 产量为 1000 件时,单位成本 76 元

B. 产量为 1000 件时,单位成本 78 元

C. 产量每增加 1000 件时,单位成本下降 2 元

D. 产量每增加 1000 件时,单位成本下降 78 元

E. 当单位成本为 72 元时,产量为 3000 件

19. 估计标准误的作用是表明(　　)。

A. 回归方程的代表性　　B. 样本的变异程度

C. 估计值与实际值的平均误差　　D. 样本指标的代表性

E. 总体的变异程度

20. 销售额与流通费用率,在一定条件下,存在相关关系,这种相关关系属于(　　)。

A. 正相关　　B. 单相关

C. 负相关　　D. 复相关

E. 完全相关

21. 在直线相关和回归分析中(　　)。

A. 据同一资料,相关系数只能计算一个

B. 据同一资料,相关系数可以计算两个

C. 据同一资料,回归方程只能配合一个

D. 据同一资料,回归方程随自变量与因变量的确定不同,可能配合两个

E. 回归方程和相关系数均与自变量和因变量的确定无关

22. 相关系数 r 的数值(　　)。

A. 可为正值　　B. 可为负值

C. 可大于1　　D. 可等于−1

E. 可等于1

23. 从变量之间相互关系的表现形式看,相关关系可分为(　　)。

A. 正相关　　B. 负相关

C. 直线相关　　D. 曲线相关

E. 不相关和完全相关

24. 确定直线回归方程必须满足的条件是(　　)。

A. 现象间确实存在数量上的相互依存关系

B. 相关系数 r 必须等于1

C. y 与 x 必须同方向变化

D. 现象间存在着较密切的直线相关关系

E. 相关系数 r 必须大于0

25. 当两个现象完全相关时,下列统计指标值可能为(　　)。

A. $r=1$　　B. $r=0$

C. $r=-1$　　D. $S_{yx}=0$

E. $S_{yx}=1$

26. 配合直线回归方程是为了(　　)。

A. 确定两个变量之间的变动关系　　B. 用因变量推算自变量

C. 用自变量推算因变量　　D. 两个变量相互推算

E. 确定两个变量间的相关程度

27. 相关系数与回归系数(　　)。

A. 回归系数大于零则相关系数大于零

B. 回归系数小于零则相关系数小于零

C. 回归系数大于零则相关系数小于零

D. 回归系数小于零则相关系数大于零

E. 回归系数等于零则相关系数等于零

四、判断题

1. 所有现象之间的相互联系,都是通过数量关系反映出来。(　　)

2. 函数关系是一种广义的相关关系。(　　)

3. 某煤矿企业原煤产量增加,吨煤成本降低,这种关系属于函数关系。 ( )

4. 两个相关变量,一变量随另一变量增加而增加是正相关;一变量随另一变量减少而减少是负相关。 ( )

5. 相关关系和函数关系都属于完全确定性的依存关系。 ( )

6. 相关系数 r 等于 0,说明两变量之间不存在相关关系。 ( )

7. 相关系数 $r=0.9$,说明两变量之间可能存在正相关,也可能存在负相关。 ( )

8. 两变量之间的相关关系表现为线性关系;三个或三个以上变量之间的相关关系表现为曲线相关。 ( )

9. 完全相关说明相关系数等于 1。 ( )

10. 现象之间相关的方向是一成不变的。 ( )

11. 现象之间相关程度的高低,取决于相关系数 r 的大小。 ( )

12. 确定哪个是自变量,哪个是因变量,在这点上相关分析和回归分析是一致的。 ( )

13. 在直线相关的条件下,自变量和因变量互换时,对所计算的相关系数和所配合的回归方程没有影响。 ( )

14. 利用最小平方法配合的直线回归方程要求:实际测定的所有相关点到直线上的距离的平方和为零。 ( )

15. 在相关关系中,如果两个变量只存在依存关系而没有明显的因果关系,这时要根据研究目的确定自变量和因变量。 ( )

16. 相关系数与回归系数的正负方向是一致的。 ( )

17. 剩余误差是计算估计标准误差的依据。 ( )

18. 相关系数越大,估计标准误差越小;相关系数越小,估计标准误差越大,即两者成反比关系。 ( )

19. 决定系数和相关系数都可以反映现象相关程度的高低。 ( )

20. 如果两个变量的变动方向一致,同时呈上升或下降趋势,则二者是正相关关系。 ( )

21. 假定变量 x 与 y 的相关系数是 0.8,变量 m 与 n 的相关系数为 -0.9,则 x 与 y 的相关密切程度高。 ( )

22. 当直线相关系数 $r=0$ 时,说明变量之间不存在任何相关关系。 ( )

23. 相关系数 r 有正负、有大小,因而它反映的是两现象之间具体的数量变动关系。 ( )

24. 在进行相关和回归分析时，必须以定性分析为前提，判定现象之间有无关系。 ( )

25. 回归系数 b 的符号与相关系数 r 的符号，可以相同也可以不相同。 ( )

26. 在直线回归分析中，两个变量是对等的，不需要区分因变量和自变量。 ( )

27. 相关系数 r 越大，则估计标准误差 S_{xy} 值越大，从而直线回归方程的精确性越低。 ( )

28. 进行相关与回归分析应注意对相关系数和回归直线方程的有效性进行检验。 ( )

29. 工人的技术水平提高，使得劳动生产率提高，这种关系是一种不完全的正相关关系。 ( )

30. 正相关指的就是两个变量之间的变动方向都是上升的。 ( )

31. 回归分析和相关分析一样所分析的两个变量都一定是随机变量。 ( )

32. 相关的两个变量，只能算出一个相关系数。 ( )

33. 一种回归直线只能作一种推算，不能反过来进行另一种推算。 ( )

五、简答题

1. 简述相关关系和函数关系的区别和联系。

2. 简述狭义相关分析和回归分析的区别和联系。

3. 判定现象是否存在相关关系的方法有哪些？

4. 相关系数 r 的意义是什么?怎样用相关系数 r 来判别现象的相关程度?

5. 如何确定相关关系中的自变量和因变量?

6. 举例说明什么是正相关、负相关和零相关?

7. 简述相关系数 r 与回归系数 $\hat{b}$ 的关系。

8. 直线回归方程中 $\hat{y}=\hat{a}+\hat{b}x$,参数 $\hat{a}$、$\hat{b}$ 是怎样求得的?它们代表什么意义?

9. 构造直线回归模型应具备哪些条件？

10. 什么是估计标准误差？其作用如何？

11. 应用相关与回归分析应注意哪些问题？

六、计算分析题

1. 有 10 个同类企业的生产性固定资产年平均价值和工业总产值资料如下：

企业编号	生产性固定资产价值(万元)	工业总产值(万元)
1	318	524
2	910	1019
3	200	638
4	409	815
5	415	913
6	502	928
7	314	605
8	1210	1516
9	1022	1219
10	1225	1624
合计	6525	9801

(1)说明两变量之间的相关方向；(2)建立直线回归方程；

(3)计算估计标准误差；(4)估计生产性固定资产(自变量)为 1100 万元时总产值(因变量)的可能值。

2. 检查 5 位同学统计学的学习时间与成绩分数如下表。

每周学习时数	学习成绩
4	40
6	60
7	50
10	70
13	90

要求：(1)由此计算出学习时数与学习成绩之间的相关系数；

(2)建立直线回归方程；(3)计算估计标准误差。

3. 某种产品的产量与单位在成本的资料如下：

产量(千件)x	单位成本(元/件)y
2	73
3	72
4	71
3	73
4	69
5	68

要求：(1)计算相关系数 r，判断其相关程度；(2)建立直线回归方程；(3)指出产量每增加 1000 件时，单位成本平均下降了多少元？

4. 某地高校教育经费(x)与高校学生人数(y)连续 6 年的统计资料如下：

教育经费(万元)x	在校学生数(万人)y
316	11
343	16
373	18
393	20
418	22
455	25

要求：(1)建立恰当的回归直线方程，估计教育经费为 500 万元的在校学生数；(2)计算估计标准误差；(3)建立恰当的回归直线方程，估计 30 万人的在校学生数对应的教育经费。

5. 设某公司下属十个门市部有关资料如下：

门市部编号	职工平均销售额(万元)	流通费用水平(%)	销售利润率(%)
1	6	2.8	12.6
2	5	3.3	10.4
3	8	1.8	18.5
4	1	7	3.0
5	4	3.9	8.1
6	7	2.1	16.3
7	6	2.9	12.3
8	3	4.1	6.2
9	3	4.2	6.6
10	7	2.5	16.8

要求确立适宜的回归模型。

第九章
时间序列分析

内容提要

一、时间序列概述

(一)时间序列及其用途

1. 时间序列概念

时间序列是将不同时间的统计指标按照时间的先后顺序排列起来而形成的统计序列,也叫时间数列或动态数列。

2. 时间序列构成要素

时间序列由两个最基本的要素构成:一是反映时间变化的序列,二是反映指标数值变化的序列。

3. 时间序列的作用

首先,时间序列可以描述现象的发展状况和结果。其次,通过时间序列资料可进行各种动态对比分析,研究现象发展变化的方向和程度。再次,通过时间序列,可以分析现象的发展变化趋势及其规律。最后,利用时间序列,根据对现象发展变化趋势与规律的分析,可以进行动态预测。

(二)时间序列的种类

根据时间序列中指标数值的表现形式不同,可以把时间序列分为绝对数时间序列、相对数时间序列和平均数时间序列三种,其中,绝对数时间序列是最基本的序列,相对数时间序列和平均数时间序列是派生序列。

1. 绝对数时间序列

绝对数时间序列是将统计绝对数按照时间先后顺序排列起来而形成的时

间序列。

(1)时期序列

时期序列有以下三个特点:第一,序列中每个指标数值可以相加,其和表示现象在更长时期内的发展总量。第二,序列中每个指标数值的大小与其时期长短有直接的关系。"时期"指每一个统计数值所涉及的时间长度,即它的计算期。第三,序列中每个指标数值是通过连续不断的登记而得到的。

(2)时点序列

时点序列也有三个特点:第一,序列中每个指标数值不能相加,相加后的数据没有任何实际意义。第二,序列中每个指标数值的大小与其间隔长短没有直接关系。在时点序列中,"间隔"是指相邻两个时点之间的时间长度。数据的大小受事物本身增减变化的影响,而不受时点间隔长短的影响。第三,序列中每个指标数值是通过间隔一定时期登记一次取得的。

2. 相对数时间序列

相对数时间序列是将统计相对数按照时间的先后顺序排列所形成的时间序列,用以反映现象之间相互联系的发展过程。

3. 平均数时间序列

平均数时间序列是将统计平均数按时间的先后顺序排列而形成的时间序列,用以反映事物一般水平的变化过程和发展趋势。

(三)时间序列的编制原则

需要保证时间序列中各项数据具有可比性,这是编制时间序列的基本原则。具体来讲,可通过以下几个方面来实现:

1. 时间长度应一致;
2. 总体范围要一致;
3. 数据内容要一致;
4. 数据的计算方法、计算价格和计量单位要一致。

二、时间序列分析指标

(一)发展水平

发展水平是时间序列中各具体时间条件下的指标数值,反映事物的发展变化在一定时期内或时点上所达到的水平。发展水平既可以表现为统计绝对数,也可以表现为统计相对数,还可以表现为统计平均数。

根据发展水平在时间序列中的位置不同,发展水平有最初水平、中间水平和最末水平三种。在对时间序列中的发展水平进行比较分析时,通常将要分析研究的那个时期的发展水平称为报告期水平，将作为比较基础时期的发展水平称为基期水平。

（二）增长量

时间序列中报告期水平与基期水平之差称为增长量，表明现象增长的绝对数量。

由于基期的选择不同，增长量有逐期增长量和累计增长量两种。

1. 逐期增长量是报告期水平与前期水平之差，表明现象相邻时期增长的绝对数量。

2. 累计增长量是报告期水平与某一固定基期的水平之差，表明现象较长一段时间增长的总绝对数量。

时间序列中，各逐期增长量之和等于相应的累计增长量；相邻时期的累计增长量之差等于某期逐期增长量。

（三）发展速度

发展速度是现象在两个不同时期发展水平的比值，用以表明现象发展变化的相对程度。

由于基期的选择不同，发展速度有两种，即环比发展速度和定基发展速度。

1. 环比发展速度：是报告期水平与前一期水平之比，用以反映现象逐期发展的相对程度。

2. 定基发展速度：是报告期水平与某一固定时期水平（通常是最初水平）之比，用以反映现象在较长一段时期内总的发展速度，又称"总速度"，用符号 R 表示。

环比发展速度和定基发展速度之间存在如下两种换算关系：

(1)环比发展速度的连乘积等于相应的定基发展速度（总速度）。

可用公式表示：$\frac{a_n}{a_0}=\frac{a_1}{a_0}\times\frac{a_2}{a_1}\times\cdots\times\frac{a_n}{a_{n-1}}$

(2)相邻两期定基发展速度之商，等于后期的环比发展速度。

可用公式表示：$\frac{a_n}{a_{n-1}}=\frac{a_n}{a_0}\div\frac{a_{n-1}}{a_0}$

（四）增长速度

增长速度是增长量与基期水平的比值，用以反映现象报告期水平比基期水平的增长程度。其基本计算公式为：

$$增长速度=\frac{增长量}{基期水平}\times100\%=发展速度-1$$

由于基期的确定方法不同，增长速度的具体计算方法也有两种，即环比增长速度和定基增长速度。

1. 环比增长速度:是报告期逐期增长量与前一期水平之比,用以反映现象逐期增长的程度。用公式表示为:

$$环比增长速度=\frac{逐期增长量}{前期水平}$$
$$=环比发展速度-1(或100\%)$$

2. 定基增长速度:是报告期累计增长量与固定基期水平之比,用以反映现象在较长一段时期内总的增长程度。其计算公式为:

$$定基增长速度=\frac{累计增长量}{固定基期水平}$$
$$=定基发展速度-1(或100\%)$$

(五)增长1%的绝对值

增长1%绝对值是逐期增长量与环比增长速度的100倍之比,用以说明现象报告期比基期每增长1%所增加的绝对数量,真实反映现象的实际经济效果。即:

$$增长1\%绝对值=\frac{逐期增长量}{环比增长速度\times100}=\frac{前期水平}{100}$$

(六)平均发展水平

将时间序列中各个发展水平加以平均而得到的平均数称为平均发展水平,用以反映现象在一段时间内发展变化所达到的一般水平。平均发展水平又称序时平均数,也叫动态平均数。

序时平均数与静态平均数不同。序时平均数是根据时间序列对事物在不同时间的数量差异进行抽象而计算的平均化的数据,是以时间为单位而计算的,它从动态上说明了现象在不同时间发展变化的一般水平。而静态平均数是根据变量数列对总体单位之间的数量差异进行抽象而计算的平均化的数据,是以总体单位为单位计算的,它从静态上说明了现象总体中各单位在同一时间上变量值的一般水平。

1. 根据绝对数时间序列计算平均发展水平

(1)由时期序列计算平均发展水平

直接采用简单算术平均法计算:

$$\bar{a}=\frac{a_0+a_1+\cdots+a_n}{n+1}=\frac{\sum a_i}{n+1}$$

(2)由时点序列计算平均发展水平

①由连续时点序列计算平均发展水平

连续时点序列是将逐日登记的资料按照时间先后顺序排列而形成的时间序列。总的来说,根据连续时点序列计算平均发展水平就是将各个时点的数据相加再除以时点数,采用算术平均法计算。如果数据未分组则采用简单算术平均法,如果数据已分组则采用加权算术平均法。

②由间断时点序列计算平均发展水平

A. 等间隔时点序列的平均发展水平

采用简单序时平均法或称为首末折半法。

$$\bar{a}=\frac{\frac{a_0+a_1}{2}+\frac{a_1+a_2}{2}+\frac{a_2+a_3}{2}+\cdots+\frac{a_{n-1}+a_n}{2}}{(n+1)-1}$$

即
$$\bar{a}=\frac{\frac{a_0}{2}+a_1+\cdots+a_{n-1}+\frac{a_n}{2}}{n}$$

B. 不等间隔时点序列的平均发展水平

采用加权序时平均法。

$$\bar{a}=\frac{\frac{(a_0+a_1)}{2}\cdot f_0+\frac{(a_1+a_2)}{2}\cdot f_1+\frac{(a_2+a_3)}{2}\cdot f_2+\cdots+\frac{(a_{n-1}+a_n)}{2}\cdot f_{n-1}}{f_0+f_1+f_2+\cdots+f_{n-1}}$$

即
$$\bar{a}=\frac{\sum_{i=0}^{n-1}\frac{(a_i+a_{i+1})}{2}f_i}{\sum_{i=0}^{n-1}f_i}$$

2. 根据静态相对数时间序列计算平均发展水平

由于相对数时间序列是由相互有联系的两个绝对数时间序列对比构成的,所以,绝对数时间序列就成为其计算的基础。

设有相对数 $a=\frac{b}{c}$,则相对数时间序列平均发展水平的计算公式为:

$$\bar{a}=\frac{\bar{b}}{\bar{c}}$$

则有由静态相对数时间序列计算平均发展水平的一般计算步骤：

第一步，计算作为相对数分子的时间序列的平均发展水平；

第二步，计算作为相对数分母的时间序列的平均发展水平；

第三步，再将分子和分母的平均发展水平加以对比，即计算出相对数时间序列的平均发展水平。

3. 根据平均数时间序列计算平均发展水平

（1）根据静态平均数时间序列计算平均发展水平

静态平均数时间序列是由总体标志总量时间序列和总体单位总数时间序列的对应项相对比而形成的时间序列。其计算平均发展水平的方法与相对数时间序列平均发展水平的计算方法一样，先分别对分子序列和分母序列计算平均数，再将两个动态平均数对比计算平均数时间序列的平均发展水平。

（2）根据动态平均数时间序列计算平均发展水平

动态平均数时间序列是由各时期的平均发展水平按时间顺序排列而形成的时间序列。若间隔期相等，采用简单算术平均数方法计算动态平均数时间序列的平均发展水平；若间隔期不等，则要以间隔期长度为权数，采用加权算术平均数方法计算动态平均数时间序列的平均发展水平。

（七）平均增长量

平均增长量用来说明现象在一段时期内平均每期增加或减少的绝对数量。其计算公式为：

$$平均增长量=\frac{逐期增长量之和}{逐期增长量个数}=\frac{累计增长量}{发展水平个数-1}$$

（八）平均发展速度和平均增长速度

平均发展速度是各个时间单位的环比发展速度的序时平均数，用以反映现象在较长一段时期内逐期平均发展变化的程度；平均增长速度是各个时间单位的环比增长速度的序时平均数，用以反映现象在较长一段时期内逐期递增的相对程度，又称递增率或递减率。

平均发展速度和平均增长速度之间存在以下关系：

$$平均增长速度=平均发展速度-1（或100\%）$$

平均发展速度的计算方法常用的有水平法和累计法两种，而实际工作中，一般采用几何平均法计算平均发展速度。

水平法计算平均发展速度的公式有三个：

$$\bar{X}=\sqrt[n]{\frac{a_1}{a_0}\times\frac{a_2}{a_1}\times\cdots\times\frac{a_n}{a_{n-1}}}=\sqrt[n]{x_1\cdot x_2\cdots x_n}=\sqrt[n]{\prod x}$$

$$\bar{X}=\sqrt[n]{\frac{a_n}{a_0}}$$

$$\bar{X}=\sqrt[n]{R}$$

式中：R 表示总速度。

三、时间序列构成分析

时间序列的形成是各种不同的因素对事物的发展变化共同起作用的结果。这些因素概括起来可以归纳为四类：长期趋势因素、季节变动因素、循环变动因素和不规则变动因素。

（一）长期趋势的测定

测定长期趋势的方法有很多，主要的有三种：

1. 时距扩大法

时距扩大法是测定长期趋势最简便的一种方法。它是将原来时距较短的时间序列，加工整理成时距较长的时间序列，以便消除现象因时距较短而受偶然因素影响所引起的不均匀波动。通过扩大时距，可以整理出能呈现小物变动总趋势的新的时间序列。

2. 移动平均法

移动平均法是对原有的时间序列，按照事先规定的移动时期长度来扩大时距，采用逐项向后递移的方法，计算一系列的序时平均数，形成由序时平均数组成的新的时间序列。这种移动平均数形成的时间序列，消除了短期的偶然因素的影响，使长期趋势更加明显。

3. 最小平方法

最常用的一种配合直线趋势模型的方法是最小平方法，又称最小二乘法。其趋势直线方程为：

$$\hat{y}_t=a+bt$$

式中：$\hat{y}_t$ 是趋势理论值，a、b 是参数，t 是时间。

参数 a、b 的确定方法与第八章中一元线性回归方程回归参数确定方法相

同,只需用时间代替自变量 x 即可。则有:

$$a=\frac{\sum y-b\sum t}{n}$$

$$b=\frac{n\sum ty-\sum t\sum y}{n\sum t^2-\left(\sum t\right)^2}$$

(二)季节变动的测定

测定季节变动的主要方法是通过计算季节比率来反映季节变动的程度。

1. 按月(季)平均法

利用按月(季)平均法测定季节变动,需要根据若干年(至少为连续三年)的分月(季)资料,计算出同月(季)平均数和所有月(季)的总平均数,然后,用各月(季)的平均数与所有月(季)的总平均数相对比,求得季节比率。其计算公式为:

$$季节比率(\%)=\frac{同月(季)平均数}{月(季)总平均水平}\times100\%$$

2. 趋势剔除法

按月(季)平均法的优点是简单易懂,其缺点是没有考虑到现象本身存在的长期趋势的影响。

基本要求

一、学习要求

1. 明确时间序列的概念、种类及其编制原则;
2. 掌握时间序列分析指标的经济含义和计算方法、各指标之间的关系;
3. 熟练掌握平均发展水平的含义、各种时间序列计算平均发展水平的方法;
4. 熟练掌握平均发展速度、平均增长速度的计算方法;
5. 掌握最小二平方法和季节变动测定法,并能进行统计分析。

二、学习重点

1. 时间序列的概念、构成要素及其种类;
2. 各种时间序列分析指标的计算和应用;
3. 长期趋势、季节变动的测定和分析。

三、学习难点

1. 如何满足时间序列的各项编制原则；
2. 时间序列构成分析及其计算机的处理；
3. 几何平均法和方程式法计算平均发展速度的区别。

练 习 题

一、填空题

1. 时间序列按指标性质不同可以分为________、________和________三种。其中，________时间序列是最基本的时间序列,其他两种是它的________序列。

2. 时间序列有两个组成要素:一是________,二是________。

3. 增长量由于基期采用不同,可以分为______增长量和______增长量,二者的关系是______。

4. 绝对数时间序列可以分为________和________两种,其中,序列中不同时间的数值相加有实际意义的是________序列,不同时间的数值相加没有实际意义的是________序列。

5. 某校在校学生 2018 年比 2017 年增加 5%,2019 年比 2018 年增加 12%,2020 年比 2019 年增加 15%,那么这三年共增加学生______%。

6. 发展速度由于选用的基期不同,分为____和____两种，它们之间的关系可以表达为____。

7. 设 $i=0,1,2,3\cdots,n,a_i$ 为第 i 个时期经济水平,则 $\frac{a_i}{a_0}$ 是________发展速度,$\frac{a_i}{a_{i-1}}$ 是________发展速度。

8. 已知某油田 2020 年的原油总产量为 200 万吨,2025 年的原油总产量是 459 万吨,则“十四五”计划期间该油田原油总产量年平均增长速度的算式为________。

9. 计算平均发展速度的常用方法有高次方程式法和______。

10. 某产品产量 2020 年比 2015 年增长了 105%,2015 年比 2010 年增长了 306.8%,则该产品 2020 年比 2010 年增长速度的算式是__________。

11. 如果移动时间长度适当,采用移动平均法能有效地消除循环变动和__________。

12. 时间序列的波动可分解为长期趋势变动、__________、循环变动和不规则变动。

13. 用最小二乘法测定长期趋势,采用的标准方程组是______________。

二、单项选择题

1. 下列属于时点序列的是(　　)。
   A. 第一季度产值　　B. 第一季度各月末职工人数
   C. 第一季度各月产值　　D. 第一季度末职工人数
2. 时间序列中,数值大小与时间长短有直接关系的是(　　)。
   A. 平均数时间序列　　B. 时期序列
   C. 时点序列　　D. 相对数时间序列
3. 下列数列中哪一个属于动态数列(　　)。
   A. 学生按成绩分组形成的数列
   B. 企业按地区分组形成的数列
   C. 职工按工资水平高低顺序排列形成的数列
   D. 职工人数按时间先后顺序排列形成的数列
4. 时间序列中的发展水平是以时间单位为年的指标值,则该序列不体现哪个因素的影响(　　)。
   A. 长期趋势　　B. 季节变动
   C. 循环变动　　D. 不规则变动
5. 计算发展速度的分母是(　　)。
   A. 报告期水平　　B. 基期水平
   C. 实际水平　　D. 计划水平
6. 某车间月初工人人数资料如下:

	1月	2月	3月	4月	5月	6月	7月
月初人数(人)	280	284	280	300	302	304	320

   则该车间上半年的平均人数约为(　　)。
   A. 296 人　　B. 292 人
   C. 295 人　　D. 300 人
7. 某地区某年 9 月末的人口数为 150 万人,10 月末的人口数为 150.2 万人，该地区10月的人口平均数为（　　）。

A. 150万人　　B. 150.2万人

C. 150.1万人　　D. 无法确定

8. 根据牧区每个月初的牲畜存栏数计算全牧区半年的牲畜平均存栏数，采用的公式是（　　）。

A. 简单平均法　　B. 几何平均法

C. 加权序时平均法　　D. 首末折半法

9. 某企业生产某种产品，其产量每年增加5万吨，则该产量的环比增长速度（　　）。

A. 年年下降　　B. 年年增长

C. 年年不变　　D. 无法确定

10. 由一个9项的时间序列可以计算的环比发展速度（　　）。

A. 有8个　　B. 有9个

C. 有10个　　D. 有7个

11. 采用几何平均法计算平均发展速度的依据是（　　）。

A. 各年环比发展速度之积等于总速度

B. 各年环比发展速度之和等于总速度

C. 各年环比增长速度之积等于总速度

D. 各年环比增长速度之和等于总速度

12. 某企业的科技投入2020年比2015年增长了58.6%，则该企业2015—2020年间科技投入的平均发展速度为（　　）。

A. $\sqrt[5]{58.6\%}$　　B. $\sqrt[5]{158.6\%}$

C. $\sqrt[6]{58.6\%}$　　D. $\sqrt[6]{158.6\%}$

13. 若已知前五年的平均增长速度为10%，后五年的平均增长速度为8%，则这10年的平均增长速度为（　　）。

A. $\sqrt[10]{0.1\times0.08}$　　B. $\sqrt[10]{0.1^5\times0.08^5}-1$

C. $\sqrt[10]{1.1^5\times1.08^5}-1$　　D. $\sqrt[10]{1.1\times1.08-1}$

14. 增长1%的绝对值是（　　）。

A. 报告期水平除以100　　B. 前期水平除以100

C. 逐期增长量除以100　　D. 累计增长量除以100

15. 在测定长期趋势的方法中，可以形成数学模型的是（　　）。

A. 时距扩大法　　B. 移动平均法

C. 最小平方法　　D. 季节指数法

三、多项选择题

1. 时间序列的水平分析指标有(　　)。
   A. 发展速度　　B. 发展水平
   C. 平均发展水平　　D. 增长量
   E. 平均增长量
2. 时期序列与时点序列比较(　　)。
   A. 数值大小与时期长短有直接关系
   B. 数值大小与时期长短无直接关系
   C. 数值相加有实际意义
   D. 数值相加没有实际意义
   E. 数值是连续登记得到的
3. 下列哪些属于时间序列(　　)。
   A.“十四五”时期社会商品零售总额
   B.“十四五”时期年末固定资产原值
   C.“十四五”时期各年死亡人口数
   D.“十四五”时期各年货物周转量
   E.“十四五”时期各年人口出生率
4. 下列计算增长速度的公式正确的有(　　)。
   A. $增长速度=\dfrac{增长量}{基期水平}\times 100\%$
   B. $增长速度=\dfrac{增长量}{报告期水平}\times 100\%$
   C. $增长速度=发展速度-100\%$
   D. $增长速度=\dfrac{报告期水平-基期水平}{基期水平}\times 100\%$
   E. $增长速度=\dfrac{报告期水平}{基期水平}\times 100\%$
5. 采用几何平均法计算平均发展速度的公式有(　　)。
   A. $\bar{X}=\sqrt[n]{\dfrac{a_1}{a_0}\times\dfrac{a_2}{a_1}\times\dfrac{a_3}{a_2}\times\cdots\times\dfrac{a_n}{a_{n-1}}}$　　B. $\bar{X}=\sqrt[n]{\dfrac{a_n}{a_0}}$
   C. $\bar{X}=\sqrt[n]{\dfrac{a_n}{a_1}}$　　D. $\bar{X}=\sqrt[n]{R}$　　E. $\bar{X}=\dfrac{\sum x}{n}$

6. 某公司连续五年的销售额资料如下：

	第一年	第二年	第三年	第四年	第五年
销售额(万元)	1000	1100	1300	1350	1400

根据上述资料计算的下列数据正确的有(　　)。

A. 第二年的环比增长速度＝第二年的定基增长速度＝10％

B. 第三年的累计增长量－第二年的逐期增长量＝200 万元

C. 第四年的定基发展速度为 135％

D. 第五年增长 1％绝对值为 14 万元

E. 第五年增长 1％绝对值为 13.5 万元

7. 下列关系正确的有(　　)。

A. 环比发展速度的连乘积等于相应的定基发展速度

B. 定基发展速度的连乘积等于相应的环比发展速度

C. 环比增长速度的连乘积等于相应的定基增长速度

D. 某期的环比发展速度等于该期的定基发展速度与前期的定基发展速度之商

E. 平均增长速度＝平均发展速度－1

8. 测定长期趋势的方法主要有(　　)。

A. 时距扩大法　　B. 方程法

C. 最小平方法　　D. 移动平均法

E. 几何平均法

9. 关于季节变动的测定，下列说法正确的是(　　)。

A. 目的在于掌握事物变动的季节周期性

B. 常用的方法是按月(季)平均法

C. 需要计算季节比率

D. 按月计算的季节比率之和应等于 400％

E. 季节比率越大，说明事物的变动越处于淡季

10. 时间序列的可比性原则主要指(　　)。

A. 时间长度要一致　　B. 经济内容要一致

C. 计算方法要一致　　D. 总体范围要一致

E. 计算价格和单位要一致

四、判断题

1. 定基发展速度等于相应各环比发展速度的连乘积,所以定基增长速度等于相应各环比增长速度的连乘积。 (　　)

2. 报告期比基期翻一番,即增加一倍,翻两番也就是增加两倍。 (　　)

3. 由两个时期序列的对应项相对比而产生的新序列仍然是时期序列。 (　　)

4. 由于时点序列和时期序列都是绝对数时间序列,所以,它们的特点是相同的。 (　　)

5. 时期序列有连续时期序列和间断时期序列两种。 (　　)

6. 所有平均发展水平的计算采用的都是算术平均数方法。 (　　)

7. 若逐期增长量每年相等,则其各年的环比发展速度是年年下降的。 (　　)

8. 发展速度可以为负值。 (　　)

9. 平均发展速度=平均增长速度+1 (　　)

10. 平均增长速度可以直接根据环比增长速度来计算。 (　　)

11. 水平法计算平均发展速度时不受中间各期的发展水平的影响。 (　　)

12. 移动平均法可以对现象变动的长期趋势进行动态预测。 (　　)

13. 季节比率=同月(季)平均水平/总的月(季)平均水平。 (　　)

五、简答题

1. 编制时间序列应注意哪些问题?

2. 简述时点序列和时期序列的特点。

3. 简述动态平均数和静态平均数的关系。

4. 简述计算动态平均数所使用的计算方法。

5. 季节变动的测定常用什么方法？简述其基本原理。

六、计算分析题

1. 某公司某年 9 月末有职工 250 人,10 月份人数变动情况如下:10 月 4 日新招聘 12 名大学生上岗,16 日有 4 名老职工退休离岗,21 日有 3 名青年工人应征入伍,同日又有 3 名职工辞职离岗,29 日招聘 7 名营销人员上岗。试计算该公司 10 月份的平均在岗人数。

2. 某银行 2020 年部分月份的现金库存额资料如下:

	1 月 1 日	2 月 1 日	3 月 1 日	4 月 1 日	5 月 1 日	6 月 1 日	7 月 1 日
库存额(万元)	500	480	450	520	550	600	580

要求:(1)说明这个时间序列属于哪一种时间序列。

(2)分别计算该银行 2020 年第一季度、第二季度和上半年的平均现金库存额。

3. 某单位上半年职工人数统计资料如下：

	1月1日	2月1日	4月1日	6月30日
人数(人)	1002	1050	1020	1008

要求计算：(1)第一季度平均人数；(2)上半年平均人数。

4. 某企业2020年上半年的产量和单位成本资料如下：

	1月	2月	3月	4月	5月	6月
产量(件)	2000	3000	4000	3000	4000	5000
单位成本(元)	73	72	71	73	69	68

试计算该企业2020年上半年的产品平均单位成本。

5. 某地区 2016—2020 年国民生产总值数据如下：

		2016 年	2017 年	2018 年	2019 年	2020 年
国民生产总值(亿元)		40.9		68.5	58	
发展速度(%)	环比	—				
	定基	—				151.34
增长速度(%)	环比	—	10.3			
	定基	—				

要求：(1)计算并填列表中所缺数字。

(2)计算该地区 2016—2020 年的平均国民生产总值。

(3)计算 2016—2020 年国民生产总值的平均发展速度和平均增长速度。

6. 根据下列资料计算某地区第四季度在业人口数占劳动力资源人口数的平均比重。

	9 月 30 日	10 月 31	11 月 30 日	12 月 31 日
在业人口数(万人)	280	285	280	270
劳动力资源人口数(万人)	680	685	684	686

7. 某企业第四季度总产值和职工人数资料如下：

	9 月	10 月	11 月	12 月
工业总产值(万元)	123	150	166	164
月末职工人数(人)	204	200	208	204

要求：(1)计算该企业第四季度的月平均劳动生产率。

(2)计算该企业第四季度劳动生产率。

8. 某公司 2010—2020 年的产品销售数据如下：

年份	销售额(万元)
2010	80
2011	83
2012	87
2013	89
2014	95
2015	101
2016	107
2017	115
2018	125
2019	134
2020	146

要求：应用最小平方法配合趋势直线，并预测 2022 年的产品销售额。

9. 某市某产品连续四年各季度的出口额资料如下(单位:万元)：

	一季	二季	三季	四季
第一年	16	2	4	51
第二年	28	4.3	6.7	77.5
第三年	45	7.1	14.2	105
第四年	50	5.1	16.8	114

要求:计算该市该产品出口额的季节比率,并对其季节变动情况做简要分析。

第十章
统计指数分析

内容提要

一、统计指数及其种类

（一）统计指数的概念

广义指数指反映现象数量差异或变动程度的相对数。例如，动态相对数、比较相对数、计划完成程度相对数。狭义指数指反映不能直接相加的复杂现象综合变动程度的相对数。例如，零售物价总指数。

（二）统计指数的种类

按对象范围分：个体指数、总指数。

按指数化指标分：数量指标指数、质量指标指数。

按计算形式分：简单指数、加权指数。

按选择基期分：定基指数、环比指数

（三）统计指数的作用

反映复杂的社会经济现象总体的综合变动；

测定现象总变动中各个因素的影响；

研究事物在长时间内的变动趋势；

对复杂现象进行综合测评。

二、综合指数

综合指数是总指数的基本形式，是由两个统计绝对数对比得到的指数。在所研究的统计绝对数中，包含两个或两个以上的因素，将其中一个或一个以上的因素固定下来，只考察其中一个因素的变动，这样编制出来的指数叫综合指数。

编制综合指数的基本方法是：首先，根据客观现象之间的内在联系，引入同度量因素，把不能直接相加的指标转化为可以加总的统计绝对数，从而解决特殊总体中所要研究的指标不能直接综合的困难；其次，为了消除同度量因素变动所带来的影响，还须将同度量因素固定起来；最后，将两期统计绝对数对比，以测定被研究指标的数量变动程度。

1. 数量指标综合指数的编制

数量指标综合指数是反映数量指标总变动程度的指数，如产品产量指数、商品销售量指数、进出口商品数量指数等。以销售量指数的编制为例说明其编制方法。

(1)同度量因素固定时间的选择；

基　期——拉氏指数(Laspeyre 1864 年)

报告期——派氏指数(Peasche 1874 年)

(2)引入价格为同度量因素，将不同度量的销售量转化为同度量的销售额，不同商品的销售额可以加总、对比；

(3)将各种商品的价格固定在同一时间，借助于销售总额的变化可以反映销售量的变化。

把同度量因素价格 P 固定在基期(拉氏指数)：

$$\overline{K}_q = \frac{\sum q_1 p_0}{\sum q_0 p_0}$$

把同度量因素价格 P 固定在报告期(派氏指数)：

$$\overline{K}_q = \frac{\sum q_1 p_1}{\sum q_0 p_1}$$

2. 质量指标综合指数的编制

质量指标指数是反映质量指标变动程度的指数。如产品单位成本指数、价格指数、商品的单位流通费用指数等。以价格指数的编制为例说明其编制方法。

(1)同度量因素固定时间的选择；

同上销售量指数的编制。

(2)引入销售量为同度量因素,将不同度量的价格转化为同度量的销售额,不同商品的销售额可以加总、对比。

(3)将各种商品的销售量固定在同一时间,借助于销售总额的变化可以反映销售价格的变化。

把同度量因素销售量 q 固定在基期(拉氏指数):

$$\overline{K}_p=\frac{\sum p_1q_0}{\sum p_0q_0}$$

把同度量因素销售量 q 固定在报告期(派氏指数):

$$\overline{K}_p=\frac{\sum p_1q_1}{\sum p_0q_1}$$

3. 综合指数同度量因素的选择

综合指数同度量因素选择的一般原则,就是:质量指标指数应以报告期的数量指标作为同度量因素,而数量指标指数应以基期的质量指标作为同度量因素。需要说明的是,上述原则只具有一般意义,从经济分析的角度看,同度量因素的固定时间并无绝对的判别标准,关键是要根据研究目的、计算条件和指数的经济内容选择合适的固定时间。

三、平均指数

平均指数是总指数的另一种重要形式,是个体指数的平均数。在平均指数的编制过程中,按照平均数的原理,当总体中的不同个体具有不同的重要程度时,需要对个体指数进行适当加权,采用加权平均法计算,这样得到的指数就是平均指数。

平均指数可用加权算术平均法计算,也可以采用加权调和平均法计算。

1. 加权算术平均指数

利用加权算术平均法的原理可以将数量指标综合指数的公式变形为加权算术平均法的形式。

设个体物量指数 $k_q=\frac{q_1}{q_0}$,则

$$\overline{K}_q=\frac{\sum p_0q_1}{\sum p_0q_0}=\frac{\sum \frac{q_1}{q_0}p_0q_0}{\sum p_0q_0}=\frac{\sum k_qp_0q_0}{\sum p_0q_0}$$

式中：p_0q_0 表示基期绝对数，是权数。

2. 加权调和平均指数

利用加权调和平均法的原理，可将质量指标综合指数的公式变形为加权调和平均的形式。

设个体物价指数 $k_p=\frac{p_1}{p_0}$，$\frac{1}{k_p}=\frac{p_0}{p_1}$，则

$$\overline{K}_p=\frac{\sum q_1p_1}{\sum q_1p_0}=\frac{\sum q_1p_1}{\sum \frac{p_0}{p_1}q_1p_1}=\frac{\sum q_1p_1}{\sum \frac{1}{k_p}q_1p_1}$$

式中：p_1q_1 是报告期绝对数，称为权数。

编制和运用平均指数时，应注意以下两点：

(1)当权数为 p_0q_0 或 p_1q_1 时，平均指数和综合指数存在变形关系，也只有此时，这种变形才有实用意义；

(2)数量指标指数一般宜变形为算术平均指数，质量指标指数宜变形为调和平均指数。

四、指数体系与因素分析

1. 指数体系及其用途

在经济分析中，一个指数通常只能说明某一方面的问题，而实践中往往需要将多个指数结合起来加以运用，这就要求建立相应的"指数体系"。

指数体系可以有两种不同的含义。"广义的指数体系"类似于指标体系的概念，泛指由若干个内容上互相关联的统计指数所构成的体系。根据考察问题的需要，构成这种体系的指数可多可少。"狭义的指数体系"仅指几个指数之间在一定的经济联系基础之上所构成的较为严密的数量关系。其最为典型的表现形式就是：一个指标指数等于若干个(两个或两个以上)因素指数的乘积。例如：销售额指数 ＝销售量指数× 销售价格指数，平均工资指数＝工资指数×职工结构指数。

指数体系的分析作用主要有两个方面：一是进行"因素分析"，即分析现象的总变动中各有关因素的影响程度；二是进行"指数推算"，即根据已知的指数来推算未知的指数。

2. 统计绝对数变动的因素分析

统计绝对数的变动常常受两种甚至多种因素变动的影响，需进行两因素分

析或多因素分析。本书只介绍统计绝对数变动的两因素分析。

两因素分析是指在一个现象总变动受两个因素影响时,分析其中每个因素的变动对总变动影响的方向和程度。以商品价格、销售量、销售额之间的变动关系为例。

利用该指数体系进行分析的步骤为:

第一步,计算三个指数及其绝对数的增减额:

销售额指数及其增减额:

$$\overline{K}_{pq}=\frac{\sum q_1p_1}{\sum q_0p_0}$$

$$\sum q_1p_1-\sum q_0p_0$$

商品销售价格指数及其影响的增减额:

$$\overline{K}_{p}=\frac{\sum q_1p_1}{\sum q_1p_0}$$

$$\sum q_1p_1-\sum q_1p_0$$

销售量指数及其影响的增减额:

$$\overline{K}_{q}=\frac{\sum q_1p_0}{\sum q_0p_0}$$

$$\sum q_1p_0-\sum q_0p_0$$

第二步,建立指数体系:

$$\overline{K}_{pq}=\overline{K}_{p}\cdot\overline{K}_{q}\quad 即\quad \frac{\sum q_1p_1}{\sum q_0p_0}=\frac{\sum q_1p_1}{\sum q_1p_0}\times\frac{\sum q_1p_0}{\sum q_0p_0}$$

$$\sum q_1p_1-\sum q_0p_0=\left(\sum q_1p_1-\sum q_1p_0\right)+\left(\sum q_1p_0-\sum q_0p_0\right)$$

第三步,从两个方面进行分析说明:

从相对数来看,商品销售额变动是由于商品价格变动和销售量变动两个因素共同作用的结果;从绝对数来看,由于价格变动使销售额增减和销售量变动使销售额增减两因素共同作用,使销售额报告期比基期增加或减少。

3. 平均数变动的因素分析*

平均数的大小受两个因素的影响：一是各组的变量值 x，二是总体结构即各组比重 $\frac{f}{\sum f}$，故亦可用因素分析法进行分析。这时，需分别计算报告期、基期和假定期的平均数，然后再计算可变构成指数、固定构成指数和结构影响指数，并利用这三个指数组成的指数体系进行分析。

可变构成指数 $\frac{\sum x_1 f_1}{\sum f_1} \Big/ \frac{\sum x_0 f_0}{\sum f_0}$，反映总体平均数变动的方向和程度，其分子分母之差说明平均数的增减绝对额。

固定构成指数 $\frac{\sum x_1 f_1}{\sum f_1} \Big/ \frac{\sum x_0 f_1}{\sum f_1}$ 反映各组变量值水平 x 的变动方向和程度，其分子分母之差说明对平均数影响的绝对额。

结构影响指数 $\frac{\sum x_0 f_1}{\sum f_1} \Big/ \frac{\sum x_0 f_0}{\sum f_0}$，反映总体结构 $\frac{f}{\sum f}$ 变动对平均数的影响，其分子分母之差说明影响的绝对额。

平均数两因素分析的指数体系为：

$$\text{可变构成指数}=\text{固定构成指数}\times\text{结构影响指数}$$

基本要求

一、学习要求

1. 掌握统计指数的概念，了解统计指数的分类；
2. 熟练掌握综合指数的编制，了解综合指数的应用；
3. 熟练掌握算术平均指数的编制；
4. 了解调和平均指数的编制以及平均指数的应用；
5. 掌握指数体系的概念，熟练运用指数体系进行统计绝对数变动的因素分析，了解平均数变动的因素分析；
6. 了解常用的几种经济指数及其具体应用。

二、学习重点

1. 统计指数的概念；
2. 综合指数公式的意义；
3. 选择同度量因素的原则；
4. 平均指数的编制；
5. 统计绝对数变动的因素分析。

三、学习难点

1. 统计指数的概念；
2. 综合指数公式的建立；
3. 平均数变动的因素分析。

练　习　题

一、填空题

1. ______是表明社会现象复杂经济总体的数量对比关系的相对数。

2. 指数按其指标的作用不同，可分为____________________和____________________。

3. 总指数的编制方法，其基本形式有两种：一是__________，二是__________。

4. 编制质量指标综合指数，一般是以______________为同度量因素，并将其固定在______________。

5. 编制数量指标综合指数，一般是以______________为同度量因素，并将其固定在______________。

6. 统计指数按照说明现象的范围不同，可分为____________和____________。

7. 按照在一个指数数列中所采用的基期不同，指数可分为______________和______________两种。

8. 平均数的变动同时受两个因素的影响：一是各组的变量值水平，二是____________。

9. 已知某企业职工人数本月比上月增长了8%，总产值增长了15%，则该企业职工劳动生产率提高了______。

10. 统计中，将经济上有联系，数量上保持一定关系的若干指数形成的整体,称为__________。

二、单项选择

1. 按照指标的作用不同,指数可分为(　　)。
   A. 个体指数和总指数　　B. 简单指数和加权指数
   C. 数量指标指数和质量指标指数　　D. 动态指数和静态指数
2. 在指数的概念中(　　)。
   A. 简单指数是指个体指数,加权指数是指总指数
   B. 简单指数是指总指数,加权指数是指个体指数
   C. 简单指数和加权指数都是指个体指数
   D. 简单指数和加权指数都是指总指数
3. 综合指数是一种(　　)。
   A. 简单指数　　B. 加权指数
   C. 个体指数　　D. 平均指数
4. 设 p 表示商品的价格,q 表示商品的销售量,$\frac{\sum p_1 q_1}{\sum p_0 q_1}$ 说明了(　　)。
   A. 在基期销售量条件下,价格综合变动的程度
   B. 在报告期销售量条件下,价格综合变动的程度
   C. 在基期价格水平下,销售量综合变动的程度
   D. 在报告期价格水平下,销售量综合变动的程度
5. 按照个体价格指数和报告期销售额计算的价格指数是(　　)。
   A. 综合指数　　B. 平均指标指数
   C. 加权算术平均指数　　D. 加权调和平均指数
6. 某市居民以相同的人民币在物价上涨后少购商品 15%,则物价指数为(　　)。
   A. 17.6%　　B. 85%
   C. 115%　　D. 117.6%
7. 用加权平均法求总指数时,所需资料(　　)。
   A. 必须是全面资料
   B. 必须是非全面资料
   C. 既可以是全面资料,也可以是非全面资料
   D. 个体指数可以用全面调查资料,权数一定用非全面资料

8. 根据指数所采用的基期不同，指数可分为(　　)。

A. 数量指标指数和质量指标指数

B. 拉氏指数和派氏指数

C. 环比指数和定基指数

D. 时间指数、空间指数和计划完成指数

9. 在由三个指数组成的指数体系中，两个因素指数的同度量因素通常(　　)。

A. 都固定在基期

B. 都固定在报告期

C. 一个固定在基期，另一个固定在报告期

D. 采用基期和报告期的平均数

10. 平均指标指数中的平均指标通常是(　　)。

A. 简单调和平均数　　B. 简单算术平均数

C. 加权调和平均数　　D. 加权算术平均数

11. 某商店报告期与基期相比，商品销售额增长 6.5%，商品销售量增长 6.5%，则商品价格(　　)。

A. 增长 13%　　B. 增长 6.5%

C. 增长 1%　　D. 不增不减

12. 某商店在价格不变的条件下，报告期销售量比基期增加 10%，那么报告期商品销售额比基期增加(　　)。

A. 1%　　B. 5%

C. 10%　　D. 3%

13. 在物价上涨后，同样多的人民币少购买商品 3%，则物价指数为(　　)。

A. 97%　　B. 103.09%

C. 3%　　D. 109.13%

14. 某种产品报告期与基期比较产量增长 26%，单位成本下降 32%，则生产成本总额为基期的(　　)。

A. 166.32%　　B. 85.68%

C. 185%　　D. 54%

15. 某商店本年同上年比较，商品销售额没有变化，而各种商品价格上涨了 7%，则商品销售量变动的百分比为(　　)。

A. −6.54%　　B. −3%

C. 6.00%　　D. 14.29%

三、多项选择题

1. 下列属于指数范畴的指标有（　　）。
A. 动态相对数　B. 离散系数
C. 计划完成相对数　D. 季节比率
E. 比较相对指标

2. 报告期数值和基期数值之比可称为（　　）。
A. 动态相对指标　B. 发展速度
C. 增长速度　D. 统计指数
E. 比例相对数

3. 下列属于质量指标指数的有（　　）。
A. 价格总指数　B. 个体价格指数
C. 销售量总指数　D. 销售总额指数
E. 平均指标指数

4. 指数的作用包括（　　）。
A. 综合反映事物的变动方向　B. 综合反映事物的变动程度
C. 利用指数可以进行因素分析　D. 研究事物在长时间内的变动趋势
E. 反映社会经济现象的一般水平

5. 统计指数按其反映的时态状况不同，可分为（　　）。
A. 综合指数　B. 平均指数
C. 简单指数　D. 动态指数
E. 静态指数

6. 综合指数的特点是（　　）。
A. 由两个总量指标对比形成
B. 固定一个或一个以上因素，仅观察其中一个因素的变动
C. 分子或分母中有一项假定指标
D. 编制时可按范围逐步扩大
E. 编制时需要全面资料

7. 如果用综合指数的形式编制工业产品产量总指数，下列哪些项目可以作为同度量因素（　　）。
A. 报告期价格　B. 基期价格
C. 报告期单位成本　D. 基期单位成本
E. 工人劳动生产率

8. 派氏的综合指数公式是(　　)。

A. $\frac{\sum q_1 p_1}{\sum q_0 p_1}$　　B. $\frac{\sum q_1 p_0}{\sum q_0 p_0}$

C. $\frac{\sum p_1 q_1}{\sum p_0 q_1}$　　D. $\frac{\sum p_1 q_0}{\sum p_0 q_0}$

E. $\frac{\sum q_1 p_1}{\sum q_0 p_0}$

9. 某企业为了分析本厂生产的两种产品产量的变动情况,已计算出产量指数为112.5%,这一指数是(　　)。

A. 综合指数　　B. 总指数

C. 个体指数　　D. 数量指标指数

E. 质量指标指数

10. 如果用 p 表示商品价格,q 表示商品销售量,则公式 $\sum p_1 q_1 - \sum p_0 q_1$ 的意义是(　　)。

A. 综合反映价格变动和销售量变动的绝对额

B. 综合反映销售额变动的绝对额

C. 综合反映多种商品价格变动而增减的销售额

D. 综合反映由于价格变动而使消费者增减的货币支出额

E. 综合反映多种商品销售量变动的绝对额

11. 同度量因素的作用有(　　)。

A. 平衡作用　　B. 权数作用

C. 稳定作用　　D. 同度量作用

E. 调和作用

12. 以下哪些说法是正确的(　　)。

A. 数量指标综合指数可变形为加权算术平均指数

B. 数量指标综合指数可变形为加权调和平均指数

C. 质量指标指数可变形为加权算术平均指数

D. 质量指标指数可变形为加权调和平均指数

E. 综合指数与平均指数没有变形关系

13. 指数体系中(　　)。

A. 一个指标指数等于两个(或两个以上)因素指数的代数和

B. 一个指标指数等于两个(或两个以上)因素指数的乘积

C. 存在相对数之间的数量对等关系

D. 存在绝对变动额之间的数量对等关系

E. 各指数都是综合指数

14. 某产品的生产总成本报告期为 20 万元，比基期多支出 0.4 万元，单位成本报告期比基期降低 2%，则(　　)。

A. 生产总成本指数为 102%　　B. 单位成本指数为 2%

C. 产品产量指数为 104%　　D. 单位成本指数为 98%

E. 由于单位成本降低而节约的生产总成本为 0.408 万元

15. 某工业局所属企业报告期生产成本总额为 50 万元，比基期多 8 万元，单位成本报告期比基期上升 7%，于是(　　)。

A. 生产成本总额指数为 119.05%

B. 单位成本总指数为 107%

C. 产品产量总指数为 111.26%

D. 由于产量变动而增加的生产成本总额为 4.73 万元

E. 由于单位成本变动而增加的生产成本总额为 3.27 万元

四、判断题

1. 总指数的计算形式包括：综合指数、平均指数、平均指标指数。(　　)

2. 指数的实质是相对数，它能反映现象的变动和差异程度。(　　)

3. 在实际应用中，计算价格指数通常以基期数量指标为同度量因素。(　　)

4. 在已掌握各种商品的销售量个体指数以及各种商品的基期销售额资料的情况下，计算销售量总指数应采用加权算术平均数公式。(　　)

5. 综合指数可以同时研究几个因素的变动方向和变动程度。(　　)

6. 在由三个指数构成的指数体系中，两个因素指数的同度量因素指标是不同期的。(　　)

7. 某企业职工人数比去年减少 2%，而全员劳动生产率比去年提高 5%，则企业总产值增长了 7%。(　　)

8. 算术平均指数是反映平均指标变动程度的相对数。(　　)

9. 拉氏价格指数和派氏价格指数计算结果不同，是因为拉氏价格指数主要受报告期商品结构的影响，而派氏价格指数主要受基期商品结构的影响。(　　)

10. 在平均数变动因素分析中，可变构成指数是用以专门反映总体构成变

化这一因素影响的指数。 ( )

11. 平均指数是综合指数的一种变形。 ( )

12. 如果各种商品的销售量平均上涨 5%，销售价格平均下降 5%，则销售额不变。 ( )

五、简答题

1. 什么是统计指数，它有哪些作用？

2. 广义指数与狭义指数有何差异？

3. 什么是同度量因素？试述同度量因素的作用及确定同度量因素的原则。

4. 编制数量指标综合指数的一般原理是什么？

5. 综合指数与平均指数有何联系与区别？

6. 什么是指数体系，指数体系的作用有哪些？

六、计算分析题

1. 某市某年第一季度社会商品零售额为75200万元,第四季度为73600万元,零售物价下跌0.8%,试计算该市社会商品零售额指数、零售价格指数和零售量指数,以及由于零售物价下跌居民少支出的金额。

2. 根据已给三种商品资料(见下表),对销售额的变动进行计算和分析。

商品	计量单位	销售量		价格(元)		销售额(元)	
		基期 q_0	报告期 q_1	基期 p_0	报告期 p_1	基期 q_0p_0	报告期 q_1p_1
甲	公斤	8000	8800	10.0	10.5		
乙	件	2000	2500	8.0	9.0		
丙	盒	10000	10500	6.0	6.5		
合计	—	—	—	—	—		

3. 某厂三种产品的产量情况如下：

产品	计量单位	出厂价格(元)		产量	
		基　期	报告期	基　期	报告期
A	件	8	8.5	13500	15000
B	个	10	11	11000	10200
C	公斤	6	5	4000	4800

试分析出厂价格和产量的变动对总产值的影响。

4. 某地区三种水果的销售情况如下：

水果品种	本月销售额(万元)	本月比上月价格增减(%)
苹果	68	－10
草莓	12	12
橘子	50	2

试计算该地区三种水果的价格指数及由于价格变动对居民开支的影响。

5．某公司下属三个厂生产某种产品的情况如下：

工厂名称	单位产品成本(元)		产量(吨)	
	上月	本月	上月	本月
一厂	960	952	4650	4930
二厂	1010	1015	3000	3200
三厂	1120	1080	1650	2000

根据上表资料计算可变构成指数、固定构成指数和结构影响指数，并分析总单位成本受各厂单位成本和产量结构变动的影响。

第十一章
多元统计分析

基本内容

本章主要介绍了几种常见的多元统计分析方法：聚类分析、判别分析、主成分分析、因子分析，并结合具体案例介绍了如何使用各种多元统计分析方法处理社会、经济方面的实际问题。

一、聚类分析

聚类分析起源于分类学，在考古的分类学中，人们主要依靠经验和专业知识来实现分类，随着生产技术和科学的发展，分类越来越细，要求越来越高，仅靠经验和专业知识已经无法进行确切的分类了，于是统计这个有用的工具逐渐被引进到分类学中，后来从分类学中又分离出聚类分析这个新的分支，逐渐形成了今天在自然科学领域及社会经济领域里广泛应用的聚类分析。

(一)聚类分析的分类根据分类的对象不同，分为 Q 型聚类和 R 型聚类。Q 型聚类主要用于样品的分类，R 型聚类主要用于指标的分类。

(二)聚类分析的基本思想：选择一个统计量用来衡量对象间的相似程度，按照相似程度的大小依次进行连结，从而绘制出分类谱系图。

本节主要以 Q 型聚类为例，讨论了聚类分析的基本原理及实现步骤。最后结合具体的案例介绍了如何利用聚类分析处理分类问题。

二、判别分析

判别分析是一种根据观测变量判断研究样本如何分类的多变量统计方法，它对于需要根据对样本中每个个案的观测来建立一个分组预测模式的情况是非常适用的。与聚类分析不同,判别分析是在已知研究对象分成若干类型并已取得各种类型的一批已知样品的观测数据的基础上,根据某些准则建立判别式,然后对未知类型的样品进行判别分类。判别分析和聚类分析往往联合起来应用。例如,可先用聚类分析对原来的一批分类不清楚的样品进行分类,然后再用判别分析建立判别式对新样品进行判别。

判别分析主要用于识别个体所属类别。包括预测新产品的成功与失败、决定一个学生是否被录取、确定某人的信用风险的种类或者某人是否是某一特定险种的目标客户等。

(一)判别分析种类

1. 判别分析按照判别的组数来分,有两组判别分析和多组判别分析。

2. 根据不同的判断准则衍生出多种判别分析方法,常用的判别方法包括距离判别法、fisher 判别法、Bayes 判别法和逐步判别法。

(二)fisher 判别的基本思想

Fisher 判别的思想是投影,将两组 p 维数据投影到某一个方向,使得它们的投影组之间尽可能地分开,将待判样品也作相应的投影,从而判定其归属组。

(三)判别函数的确定

根据 fisher 准则:要使两组样品的 p 个变量经过线形变换后形成的新变量对样品的区分度较高,关键是要使两组样品的重心距离最大,且使各组组内的离差平方和为最小。

(四)判别准则

定义临界点为:$y_0=\dfrac{n_1\bar{y}^{(1)}+n_2\bar{y}^{(2)}}{n_1+n_2}$,不妨假定:$\bar{y}^{(1)}>\bar{y}^{(2)}$

如果由原始数据 y 求得判别函数得分为 Y^*,对于一个样品代入判别函数中,若 $Y^*>Y_0$,则判给 G_1,否则判给 G_2。

三、主成分分析

主成分分析(Principal Components Analysis,PCA)是一种试图在力保数据信息丢失最少的原则下,通过降维来简化数据结构的方法。通过主成分分析,可以将多个变量(指标)化为少数几个相互无关的综合变量(综合指标),称之为主成分,其中每个主成分都是原始变量的线形组合,且各个主成分之间互不相关,这就使得主成分比原始变量具有某些更优越的性能。比如,在考虑复杂问题的时候就可以只考虑少数几个主要成分而不至于损失太多信息,从而更容易抓住主要矛盾,揭示事物内部变量之间的规律性,简化问题,同时提高效率。

（一）主成分分析的基本思想

主成分分析就是设法将原来众多具有一定相关性的指标（比如 p 个指标），组合成一组新的相互无关的综合指标，即将原来 p 个指标作线性组合，作为新的综合指标。如果将选取的第一线性组合即第一个综合指标 F_1，自然希望 F_1 尽可能多的反应原来指标信息，这里的“信息”用 F_1 的方差来表达，即 F_1 的方差越大，表示 F_1 包含的信息越多。因此在所有的线性组合中所选的 $F1$ 应该是方差最大的，故称 $F1$ 为第一主成分。如果第一主成分不足以代表原来 p 个指标的信息再考虑选取 F_2 即第二个线性组合，为有效的反映原来信息，$F1$ 已有的信息不需要再出现在 F_2 中了，即 $\text{cov}(F_1, F_2)=0$，同理可构造第三，第四，…，第 p 个主成分，这些主成分之间不相关且方差递减。实际处理问题时只挑选前几个最大主成分。

（二）主成分分析的数学模型

假设对某一事物的研究涉及 p 个指标，假定对 n 个样品测定其 p 个指标 $X_1,\cdots,X_p$，得到如下数据矩阵：

$$\boldsymbol{X}=\begin{bmatrix} x_{11} & x_{12} & \cdots & x_{1p} \\ x_{21} & x_{22} & \cdots & x_{2p} \\ \cdots & \cdots & \cdots & \cdots \\ x_{n1} & x_{n2} & \cdots & x_{np} \end{bmatrix}=(X_1,X_2,\cdots,X_p)$$

其中：$X_i=\begin{pmatrix} x_{1i} \\ x_{2i} \\ \cdots \\ x_{ni} \end{pmatrix}$，$\quad i=1,\cdots,p$。

用矩阵 $\boldsymbol{X}$ 的 p 个向量 $X_1,X_2,\cdots,X_p$ 作的线性组合即 $\boldsymbol{X}$ 矩阵的第 1 到第 p 个主成分表示为：

$$\begin{gathered} F_1=a_{11}X_1+a_{21}X_2+\cdots+a_{p1}X_p \\ F_2=a_{12}X_1+a_{22}X_2+\cdots+a_{p2}X_p \\ \cdots \\ F_p=a_{1p}X_1+a_{2p}X_2+\cdots+a_{pp}X_p \end{gathered}$$

其中，上述方程要求：

$$a_{1i}^2+a_{2i}^2+\cdots+a_{pi}^2=1,\quad i=1,\cdots,p$$

四、因子分析

因子分析可以看成是主成分分析的一种推广。它的基本目的是,用少数几个因子 $F_1, F_2, \cdots, F_m$ 去描述多个变量 $X_1, X_2, \cdots, X_p (m > p)$ 之间的关系。原始的变量 $X_1, X_2, \cdots, X_p$ 是可观测的变量,而因子 $F_1, F_2, \cdots, F_m$ 是不可观测的潜在变量。例如,在企业形象或品牌形象的研究中,消费者可以通过一个有 24 个指标构成的评价体系,评价百货商场的 24 个维度的优劣。但消费者主要关心的是三个维度,即商场环境、商场服务和商品价格。因子分析方法可以通过 24 个变量,找出反映商场环境、商场服务水平和商品价格的三个潜在的因子,对商店进行综合评价。

(一)因子分析的基本思想

因子分析的思想即将可直接观测的变量进行分类,使彼此间相关性较高即联系比较紧密的变量分在同一类中,且使不同类的变量之间的相关性尽可能低。那么每一类的变量实际上就代表了一个本质因子,或一个基本结构。因子分析就是寻找这种类型的模型或者结构。

(二)因子分析的数学模型

设 p 个指标的 n 个样品的观测数据矩阵为:

$$\boldsymbol{X} = \begin{bmatrix} x_{11} & x_{12} & \cdots & x_{1p} \\ x_{21} & x_{22} & \cdots & x_{2p} \\ \cdots & \cdots & \cdots & \cdots \\ x_{n1} & x_{n2} & \cdots & x_{np} \end{bmatrix}$$

我们将 p 个变量(指标)$X_i (i=1, \cdots, p)$ 表示成因子 $F_1, \cdots, F_m$ 以及 $\varepsilon_i (i=1, \cdots, p)$ 线性组合:

$$X_i = a_{i1} F_1 + \cdots + a_{im} F_m + \varepsilon_i \quad (m \leqslant p, i=1, \cdots, p)$$

用矩阵表示为:

$$\begin{bmatrix} X_1 \\ X_2 \\ \cdots \\ X_p \end{bmatrix} = \begin{bmatrix} a_{11} & a_{12} & \cdots & a_{1m} \\ a_{21} & a_{22} & \cdots & a_{2m} \\ \cdots & \cdots & \cdots & \cdots \\ a_{p1} & a_{p2} & \cdots & a_{pm} \end{bmatrix} \begin{bmatrix} F_1 \\ F_2 \\ \cdots \\ F_m \end{bmatrix} + \begin{bmatrix} \varepsilon_1 \\ \varepsilon_2 \\ \cdots \\ \varepsilon_p \end{bmatrix}$$

因子分析把每个原始变量分解为两部分因素:一部分 $F_1, \cdots, F_m$ 为公共因子,是不可观测的变量,他们的系数称为因子载荷。另一部分 ε_i 为特殊因子,是不能被前 m 个公共因子包含的部分。并且满足:

(1)公共因子均值为零。

$$E(F_i)=0 \quad (i=1,\cdots,m)$$

(2)$F_1,\cdots,F_m$ 不相关且方差为 1。

$$\operatorname{cov}(F_i,F_j)=\begin{cases}0, & i\neq j\\ 1, & i=j\end{cases} \quad (i,j=1,\cdots,m)$$

(3)公共因子与特殊因子不相关。

$$\operatorname{cov}(F,\varepsilon)=0$$

(4)特殊因子均值为零。

$$E(\varepsilon_i)=0 \quad (i=1,\cdots,p)$$

(5)$\varepsilon_1,\cdots,\varepsilon_p$ 不相关且方差不同。

$$\operatorname{cov}(\varepsilon_i,\varepsilon_j)=\begin{cases}0, & i\neq j\\ \varphi_i, & i=j\end{cases} \quad (i,j=1,\cdots,p)$$

五、用 SPSS 进行多元统计分析

主要介绍了聚类分析、判别分析、主成分分析、因子分析在 SPSS 上的具体实现过程。

基本要求

一、学习要求

1. 熟练掌握几种主要的多元统计分析方法的原理;
2. 能熟练运用 SPSS 这一常用的统计分析软件进行多元统计分析;
3. 在实际问题的处理过程中学会灵活运用这几种常用的多元统计分析方法。

二、学习重点

1. 聚类分析之前,对数据的变换处理,选择恰当的尺度和聚类分析方法;

2. 掌握判别分析的基本原理,对判别函数的确定;

3. 区分主成分分析与因子分析的异同,并在处理数据降维问题时,选择恰当的方法。

三、学习难点

本章难点主要集中于几种多元统计分析方法的原理理解及具体分析方法的取舍。聚类分析中,对最终聚类的类别确定是一大难点,必须结合相关的专业知识及具体的问题指向;判别分析的难点在于对判别函数的确定;因子分析和主成分分析难点集中于对最后的主成分或者因子的命名。

练 习 题

一、填空题

1. Q 型聚类是指对__________进行聚类;R 型聚类是指对__________进行聚类。

2. 当各个指标的测量单位、测量结果的量纲存在较大差异时,有必要在聚类之前对数据作相应的变换处理,主要是__________、__________、__________。

3. 研究样品或变量的亲疏程度的数量指标有两种,一种叫__________;另一种叫__________。

4. 性质越接近的变量或样品,它们的相似系数越接近于__________,而彼此无关的变量或样品它们的相似系数则越接近于__________。

5. Fisher 判别分析在衡量组与组之间尽可能分开时,借用了__________的思想。

6. 最佳的线性判别函数应该是:两个重心的距离__________,两个组内的离差平方和__________。

7. 主成分分析是一种试图在__________的原则下,通过__________来简化数据结构的方法。

8. 通过主成分分析,可以将多个变量(指标)化为少数几个__________的综合变量(综合指标),称之为__________,其中每个主成分都是原始变量的__________,且各个主成分之间__________。

9. 前 k 个主成分共有多大的综合能力,用这 k 个主成分的方差和在全部方差中所占比重来描述，称为____________。

10. 在实际工作中，主成分个数的多少取决于能够反映原来变量__________以上的信息量为依据。

11. ____________可以看成是主成分分析的一种推广。

12. 因子分析的基本目的是，用少数几个因子 $F_1, F_2, \cdots, F_m$ 去描述多个变量 $X_1, X_2, \cdots, X_p (m > p)$ 之间的关系，原始的变量 $X_1, X_2, \cdots, X_p$ 是可观测的____________，而因子 $F_1, F_2, \cdots, F_m$ 是不可观测的____________。

13. 因子分析把每个原始变量分解为两部分因素：一部分为__________，另一部分为____________。

二、单项选择题

1. 性质越接近的变量或样品，它们的相似系数越接近于(　　)。

A. 1 或 −1　　B. 0

C. 1　　D. −1

2. 中心化变换的结果是使每列数据之和均为(　　)。

A. 2　　B. 0

C. 1　　D. −1

3. Q 型聚类主要用于(　　)的分类。

A. 距离　　B. 指标

C. 相似系数　　D. 样品

4. 对于标准化数据而言，相关系数与相似系数这两个统计量是(　　)。

A. 不完全一样的　　B. 完全不一样的

C. 完全一样的　　D. 无关的

5. 在 fisher 判别过程中，若要使两组样品的 p 个变量经过线性变换后形成的新变量对样品的区分度较高，关键是要(　　)。

A. 使两组样品的重心距离最小，且使各组组内的离差平方和为最小

B. 使两组样品的重心距离最大，且使各组组内的离差平方和为最小

C. 使两组样品的重心距离最小，且使各组组内的离差平方和为最大

D. 使两组样品的重心距离最大，且使各组组内的离差平方和为最大

6. 如果由原始数据 y 求得判别函数得分为 Y^*，不妨假定：$\bar{y}^{(1)} > \bar{y}^{(2)}$，临界值为 Y_0，对任意一个样品代入判别函数中，若 $Y^* > Y_0$，则(　　)。

A. 判给 G_1　　B. 判给 G_2

C. 判给 G_1 和 G_2 均可　　D. 无法判断

7. 通过主成分分析,可以将多个变量(指标)化为少数几个相互无关的综合变量(综合指标),称之为(　　)。

A. 因子　　B. 指标

C. 主成分　　D. 主变量

8. 主成分分析是一种试图在力保数据信息丢失最少的原则下,通过(　　)来简化数据结构的方法。

A. 旋转　　B. 减少指标

C. 减少样本量　　D. 降维

9. 主成分分析得到的每个主成分都是原始变量的线形组合,且各个主成分之间(　　)。

A. 完全相关　　B. 互不相关

C. 有一定的相关性　　D. 关系无法判断

10. 在主成分分析过程中,如果将选取的第一线性组合即第一个综合指标 $F1$,自然希望 $F1$ 尽可能多的反应原来指标信息,这里的"信息"用 F_1 的(　　)来表达。

A. 方差　　B. 均值

C. 距离　　D. 相合系数

11. 因子分析的基本目的是:用少数几个因子 $F_1,F_2,\cdots,F_m$ 去描述多个变量 $X_1,X_2,\cdots,X_p(m>p)$之间的关系。这少数的几个因子 $F_1,F_2,\cdots,F_m$ 是(　　)。

A. 可以观测的变量　　B. 可以观测的潜在变量

C. 不可观测的潜在变量　　D. 不可观测的变量

12. 公共因子的系数称为(　　)。

A. 均值系数　　B. 成分变量

C. 方差　　D. 因子载荷

三、多项选择题

1. 研究样品或变量的亲疏程度的数量指标有(　　)。

A. 相似系数　　B. 距离

C. 相合系数　　D. 简化系数

2. 相似系数是描述样品之间相似程度的一个度量,常用相似系数有(　　)。

A. 夹角余弦　　B. 简化系数

C. 相合系数　　D. 相关系数

3. 作聚类分析之前,如果测量结果的量纲存在较大差异时,需要对数据作相应得数据变换,常见的数据变换的方法是(　　)。

A. 数据的中心化　　B. 数据的整数化

C. 数据的标准化　　D. 数据的正规化

4. 判别分析主要用于识别一个个体所属类别,包括(　　)。

A. 预测新产品的成功与失败

B. 决定一个学生是否被录取

C. 确定某人的信用风险的种类

D. 某人是否是某一特定险种的目标客户

5. 判别分析按照判别的组数来分,可分为(　　)。

A. 两组判别分析　　B. 三组判别分析

C. 多组判别分析　　D. 五组判别分析

6. 常用的判别方法包括(　　)。

A. 距离判别法　　B. fisher 判别法

C. Bayes 判别法　　D. 逐步判别法

7. 主成分分析的作用在于,当考虑复杂问题的时候就可以只考虑少数几个主要成分而不至于损失太多信息,从而更容易(　　)。

A. 更容易抓住主要矛盾

B. 揭示事物内部变量之间的规律性

C. 简化问题

D. 提高效率

8. 因子分析把每个原始变量分解为(　　)。

A. 公共因子　　B. 特殊因子

C. 一般因子　　D. 极端因子

9. 公共因子 $F_1, F_2, \cdots, F_m$ 之间(　　)。

A. 不相关　　B. 方差为 2

C. 相关　　D. 方差为 1

10. 从原始变量分解出来的特殊因子 $\varepsilon_1, \cdots, \varepsilon_p$ 之间(　　)。

A. 相关　　B. 方差相同

C. 不相关　　D. 方差不同

11. 如果共同度非常靠近 1,该变量的几乎所有信息都被所选取得公共因子说明,即(　　)。

A. 由原始变量空间转化为因子空间的性质较差

B. 由原始变量空间转化为因子空间的性质较好

C. 保留原始变量的信息量多

D. 保留原始变量的信息量少

四、判断题

1. 聚类分析可以分为 Q 型与 R 型两种,Q 型聚类主要用于指标的分类,R 型聚类主要用于样品的分类。 ( )

2. 在聚类分析中,对于标准化数据而言,相关系数与相似系数这两个统计量是完全一样的。 ( )

3. Fisher 判别利用了方差分析的思想进行判别分析。 ( )

4. 若要使得每个样品的新变量的值使两组样品能区分得好,关键是要使两组样品的重心距离很小,且使各组组内的离差平方和为最大。 ( )

5. 当原始数据如果有重叠信息,主成分分析能达到剔除重叠信息的目的。 ( )

6. 因子分析的思想是:将可直接观测的变量进行分类,使彼此间相关性较高即联系比较紧密的变量分在同一类中,且使不同类的变量之间的相关性尽可能低。 ( )

7. 因子旋转不改变变量共同度。 ( )

8. 所有的公共因子和特殊因子对变量 X_i 的贡献为 2。 ( )

9. 共同度 h_i^2 越接近于 0,则说明公共因子对 X_i 的影响较大。 ( )

10. 因子载荷矩阵中各列元素的平方和,称为所有的公共因子 $F_j(j=1,\cdots,m)$ 对 X_i 的方差贡献和,用来衡量 F_j 的相对重要性。 ( )

五、简答题

1. 写出样品间相关系数公式。

2. 判别分析的基本条件有哪些?

3. 判别分析与聚类分析有何异同?

4. 简述 fisher 判别的基本思路。

5. 主成分分析的主要作用有哪些?

6. 变量的共同度的统计意义是什么?

7. 简述因子分析的基本思想。

8. 因子载荷 a_{ij} 的统计意义是什么?它在实际问题分析中的作用是什么?

9. 因子旋转的作用是什么?

10. 简述主成分分析、因子分析的基本思想,以及两者的不同之处。

六、计算题

1. 设 $x=(x_1,x_2,x_3)'$ 的协方差矩阵为

$$\Sigma=\begin{bmatrix}1 & -2 & 0\\ -2 & 5 & 0\\ 0 & 0 & 2\end{bmatrix}$$

计算 x 的主成分及其与主成分的相关系数,并解释结果。

2. 根据下表的因子分析结果回答问题。

(1)下表结果中的数据叫作什么？并说明其统计意义；

(2)试根据下表信息计算变量共同度 h_i^2 及公共因子 F_j 的方差贡献，并说明其统计意义；

(3)写出因子分析模型。

Component Matrix

	Component		
	1	2	3
X1	.969	−1.084E−02	.205
X2	.911	.321	−.102
X3	.847	−.120	.323
X4	.941	.281	−2.693E−02
X5	.899	.215	−1.963E−02

Extraction Method: Principal Component Analysis.

a. 3 components extracted.

练习题参考答案

第一章

一、填空题

1. 17、威廉·配第、《政治算术》
2. 18、阿亨瓦尔
3. 阿道夫·凯特勒
4. 描述统计学、推断统计学
5. 共同性质、总体
6. 同质性、差异性、大量性、客观性
7. 数量标志、品质标志
8. 数量指标、质量指标
9. 总体、总体单位、数量、品质标志、数量、数量标志、数量
10. 统计设计、统计调查、统计整理、统计分析
11. 总体、这一总体
12. 样本数据、总体数量特征
13. 理论统计学、应用统计学
14. 抽象的、具体的、实际现象的
15. 名称、具体数值
16. 方法、问题

二、单项选择题

1. B　2. B　3. D　4. A　5. C　6. A　7. D　8. D　9. C　10. B　11. A
12. D　13. C　14. D　15. D　16. B　17. C　18. D　19. C　20. A　21. C

三、多项选择题

1. BCE　2. ACD　3. AC　4. BE　5. ADE　6. ABCDE　7. ACDE
8. ABCD　9. ABCD　10. ABCD　11. ABCDE　12. ABDE　13. ABCDE
14. ABCDE

四、判断题

1. × 2. × 3. √ 4. × 5. × 6. √ 7. × 8. ×
9. × 10. √ 11. × 12. √ 13. × 14. √ 15. √

五、简答题

1—8 题(略)
9. 数量标志有:(4)(5)(8)(9)
   品质标志有:(1)(2)(3)(6)(7)
10. 数量指标有:(1)(2)(3)
    质量指标有:(4)(5)(6)

第二章

一、填空题

1. 普查、抽样调查、重点调查、典型调查、统计报表
2. 解剖麻雀式、划类选典式
3. 全面调查、非全面调查
4. 调查单位、填报单位
5. 重点单位、非全面
6. 访问调查、邮寄调查、电话调查、计算机辅助调查、座谈会、个别深度访问
7. 标准式访问、非标准式访问
8. 邮寄、宣传媒介传送、专门场所发放
9. 直接观察、间接观察
10. 表头、表体、表外附加
11. 精度、准确性、关联性、及时性、一致性、最低成本

二、单项选择题

1. D 2. D 3. A 4. A 5. B 6. A 7. B 8. B 9. B 10. C 11. B 12. D

三、多项选择题

1. BCD 2. ABC 3. ABCD 4. ABCD 5. AC
6. CDE 7. AC 8. CD 9. ABCD 10. CD

四、判断题

1. × 2. √ 3. × 4. √ 5. √ 6. × 7. √ 8. √ 9. × 10. × 11. ×

五、简答题(略)

第三章

一、填空题

1. 选择分组标志
2. 划分现象的类型、研究现象的内部结构、分析现象的依存关系
3. 属性、变量
4. 单项式变量数列、变量值种数
5. 组限、组中值
6. 等距数列、不等距数列
7. 1000、950
8. 统计表、统计图
9. 总标题、横行标题、纵栏标题、数值资料、主词、宾词
10. 初始资料、综合资料
11. 原始数据、第二手数据、审核、订正、排序
12. 矩形
13. 多指标

二、单项选择题

1. A 2. A 3. C 4. C 5. B 6. C 7. D 8. C 9. A 10. C 11. A
12. B 13. B 14. C 15. A 16. D 17. A 18. D 19. C 20. B 21. C

三、多项选择题

1. ABE 2. BDE 3. AD 4. AB 5. CDE 6. ACD 7. BCD 8. ABCD
9. ABCE 10. ABCDE 11. ABCD 12. BC

四、判断题

1. × 2. √ 3. √ 4. × 5. √ 6. × 7. √ 8. √ 9. ×

10. × 11. √ 12. × 13. × 14. × 15. √ 16. √

五、简答题(略)

六、计算题

1.

成绩分组	学生人数(人)	比率(%)
60 分以下	2	5.0
60～75	11	27.5
76～89	19	47.5
90～100	8	20.0
合计	40	100

2.

考分	人数	比率(%)	向上累计		向下累计	
			人数(人)	比率(%)	人数(人)	比率(%)
60 以下	2	5.0	2	5.0	40	100.0
60～70	7	17.5	9	22.5	38	95.0
70～80	11	27.5	20	50.0	31	77.5
80～90	12	30.0	32	80.0	20	50.0
90 以上	8	20.0	40	100.0	8	20.0
合计	40	100.0	—	—	—	—

3.

增加值分组	过录	企业数(家)	增加值
20～40	33、27、24	3	84
40～60	46、50、57、40、58	5	251
60～80	68、79、78、60、72、66、74	7	497
80～100	89、99、92	3	280
100 以上	118、127	2	245
合计		20	1357

4.

职工家庭基本情况调查表

(2001 年第二季度)

姓名	性别	年龄	与被调查者的关系	工作单位	参加工作年月	职务或工种	固定工或临时工	级别
刘　盛	男	44	被调查者本人	长城机电公司	1973-7	干部	固定	20
陈心华	女	42	夫妻	市第一针织厂	1975-4	工人	固定	无
刘淑影	女	18	父女	待业青年	—	无	无	无
刘平路	男	16	父子	医学院学习	2000 年入学	学生	无	无

第四章

一、填空题

1. 统计相对数、统计平均数
2. 时期指标、时点指标
3. 研究的目的和对象
4. 对比
5. 绝对数
6. 相对数、平均数
7. 高
8. 水平法、累计法
9. 使用价值、价值
10. 55.74%、229643、44.26%

二、单项选择题

1. B　2. D　3. C　4. B　5. C　6. D　7. C　8. D　9. B
10. D　11. D　12. B　13. B　14. D　15. D　16. C

三、多项选择题

1. ADE　2. BE　3. BC　4. BCE　5. BE　6. BD　7. ABDE　8. CE
9. BCDE　10. ACD　11. AE　12. ABD　13. ACD　14. ABC

四、判断题

1. √　2. ×　3. ×　4. √　5. √　6. ×　7. √　8. ×　9. ×　10. ×　11. ×

五、简答题(略)

六、计算题

1. 依题意：$\frac{\text{今年计划数}}{\text{去年实际数}}=105\%$，　$\frac{\text{今年实际数}}{\text{今年计划数}}=108\%$

所以　$\frac{\text{今年实际数}}{\text{去年计划数}}=105\%\times108\%=113.4\%$

今年产值比去年增长 13.4%。

2.

(1)招生人数动态相对数:普通高校 105.74%、成人高校 120.37%

(2)普通高校与成人高校招生人数比:2.6596∶1

(3)成人高校在校生数量占所有高校在校生数量的比重:27.33%

3.

(1)2019 年进出口贸易差额 14155 亿元(顺差)

2020 年进出口贸易差额 30166 亿元(顺差)

(2)2020 年进出口总额比例 1∶1.18、出口总额增长率−0.66%

4.

2020 年每万人拥有医院数=40/84.4=0.4739(个)

2020 年每个医院服务人数=84.4/40=2.11(万人)

2017 年每万人拥有医院数=56/126.5=0.4427(个)

2017 年每个医院服务人数=126.5/56=2.26(万人)

5.

企业	一月实际产值(万元)	二月				二月实际产值为一月的(%)
		计划产值(万元)	计划产值比重(%)	实际产值(万元)	计划完成(%)	
甲	125	150	30	165	110	132
乙	200	250	50	250	100	125
丙	100	100	20	60	60	60
合计	425	500	100	475	95	111.8

第五章

一、填空题

1. 算术平均数、几何平均数、调和平均数
2. 绝对值、比重
3. 总体标志值总数除以总体单位数
4. 大、小
5. 各组权数相等
6. 组中值
7. 平均数、集中趋势
8. 中间位置、最多、位置
9. 标志值倒数、倒数
10. 同质性
11. 左偏、右偏
12. 极差、分位差、平均差、标准差、离散系数
13. 最大标志值、最小标志值、最高组的上限—最低组的下限
14. p $\sqrt{p(1-p)}$
15. 标准差、其平均数
16. 3600
17. 平方、平均差
18. 412.31、1.03

二、单项选择题

1. A　2. B　3. B　4. B　5. A　6. C　7. B　8. B　9. A　10. C　11. C　12. A　13. D　14. B　15. A

三、多项选择题

1. BE　2. ABC　3. ABD　4. ABCD　5. ADE　6. BC　7. ABCE　8. ABE　9. BCE　10. ADE　11. ABCE　12. AC　13. AB　14. ABD　15. BCE

四、判断题

1. × 2. × 3. √ 4. × 5. × 6. × 7. √ 8. × 9. √ 10. × 11. ×
12. × 13. √ 14. × 15. × 16. √ 17. × 18. × 19. √ 20. √

五、简答题（略）

六、计算分析题

1. 解：两种计算均不正确。

平均计划完成程度的计算，因各车间计划产值不同，不能对其进行简单平均，这样也不符合计划完成程度指标的特定含义。正确的计算方法是：

$$\text{平均计划完成程度 } \bar{x}_H=\frac{\sum m}{\sum \frac{m}{x}}=\frac{190+250+609}{\frac{190}{0.95}+\frac{250}{1.0}+\frac{609}{1.05}}$$

$$=\frac{1049}{1030}=101.84\%$$

平均单位成本的计算也因各车间的产量不同，不能简单相加，产量的多少对平均单位成本有直接影响。所以正确的计算方法为：

$$\text{平均单位成本 } \bar{x}=\frac{\sum xf}{\sum f}=\frac{18\times190+12\times250+15\times609}{190+250+609}$$

$$=\frac{15555}{1049}=14.83\text{ 元/件}$$

2. 解：（成交额单位：万元，成交量单位：万斤）

品种	价格（元/斤）	甲市场		乙市场	
		成交额 m	成交量 $\frac{m}{x}$	成交量 f	成交额 xf
甲	1.2	1.2	1	2	2.4
乙	1.4	2.8	2	1	1.4
丙	1.5	1.5	1	1	1.5
合计	—	5.5	4	4	5.3

$$\text{甲市场平均价格 } \bar{x}_H=\frac{\sum m}{\sum \frac{m}{x}}=\frac{5.5}{4}=1.375(\text{元})$$

$$乙市场平均价格\ \bar{x}=\frac{\sum xf}{\sum f}=\frac{5.3}{4}=1.325(元)$$

说明:两个市场销售单价是相同的,销售总量也是相同的,影响两个市场平均价格高低不同的原因就在于各种价格的农产品在两个市场的成交量不同。甲市场销售价格较高的乙产品量最多,而乙市场销售价格最低的甲产品最多,因而使得甲市场的平均价格高于乙市场。这就是权数在平均数形成中所起的权衡轻重的作用,如果将两个市场的各级成交量占总成交量的比重计算出来,则更能看出权数的作用。

3. 解:三道工序的平均合格率

$$\bar{x}_G=\sqrt[n]{x_1\cdot x_2\cdots x_n}=\sqrt[n]{\prod x}=\sqrt[3]{0.9574\times 0.9378\times 0.9723}$$

$$=\sqrt[3]{0.8702}=0.9547=95.47\%$$

4. 解:列表计算如下:

按计划完成百分比分组(%)	组中值(%)x	实际产值(万元)m	计划产值(万元)$\frac{m}{x}$
80~90	85	986	1160.00
90~100	95	1057	1112.63
100~110	105	1860	1771.43
110~120	115	1846	1605.22
合计	—	5749	5649.28

$$平均计划完成程度\ \bar{x}_H=\frac{\sum m}{\sum \frac{m}{x}}=\frac{5749}{5649}=101.77\%$$

5. 解:(1)各买一斤时的平均价格为:

$$\bar{x}=\frac{\sum x}{n}=\frac{2+3+4}{3}=3(元)$$

(2)各买一元时的平均价格为:

$$\bar{x}_H=\frac{n}{\sum \frac{1}{x}}=\frac{3}{\frac{1}{2}+\frac{1}{3}+\frac{1}{4}}=\frac{3}{1.08}=2.77(元)$$

6. 解：先列表计算有关资料如下：

按体重分组(公斤)	组中值 x	学生人数(人) f	xf	向上累计次数
52 以下	50.5	28	1414.0	28
52～55	53.5	39	2086.5	67
55～58	56.5	68	3842.0	135
58～61	59.5	53	3153.5	188
61 以上	62.5	24	1500.0	212
合计	—	212	11996.0	—

解：(1)学生平均体重：

$$\bar{x}=\frac{\sum xf}{\sum f}=\frac{11996}{212}=56.58(\text{公斤})$$

(2)学生体重中位数：

$$m_e=L+\frac{\frac{\sum f}{2}-S_{m-1}}{f_m}\times i=55+\frac{\frac{212}{2}-67}{68}\times 3=56.72(\text{公斤})$$

(3)学生体重众数：

$$M_0=L+\frac{\Delta_i}{\Delta_1+\Delta_2}=55+\frac{(68-39)}{(68-39)+(68-53)}\times 3=56.98(\text{公斤})$$

7. 解：

甲品种					乙品种				
x	f	xf	$x-\bar{x}$	$(x-\bar{x})^2f$	x	f	xf	$x-\bar{x}$	$(x-\bar{x})^2f$
500	1.2	600	—	—	560	1.5	840	40	2400
450	1.1	495	−50	2750	550	1.4	770	30	1260
445	1.0	445	−55	3025	450	1.2	540	−70	5880
600	0.9	540	100	9000	520	1.0	520	—	—
525	0.8	420	25	500	500	0.9	450	−20	360
合计	5.0	2500	—	15275	合计	6.0	3120	—	9900

注：$x=\frac{\text{产量}}{\text{面积}}=\frac{x\cdot f}{f}$。

$$(1)\bar{x}_{\text{甲}}=\frac{\sum xf}{\sum f}=\frac{2500}{5}=500(\text{公斤}),\quad \bar{x}_{\text{乙}}=\frac{3120}{6}=520(\text{公斤})$$

(2) $\sigma_{甲}=\sqrt{\dfrac{\sum(x-\bar{x})^2 f}{\sum f}}=\sqrt{\dfrac{15275}{5}}=55.3$(公斤)

$V_{\sigma_{甲}}=\dfrac{\sigma_{甲}}{\bar{x}_{甲}}=\dfrac{55.3}{500}\times100\%=11.06\%$

$\sigma_{乙}=\sqrt{\dfrac{9900}{6}}=40.6$(公斤)

$V_{\sigma_{乙}}=\dfrac{40.6}{520}\times100\%=7.8\%$

(3)因 $V_{\sigma_{乙}}<V_{\sigma_{甲}}$,故乙品种具有较大稳定性,宜于推广。

8. 解:由已知得:

产量控制界限的上限为:370+(2×5)=380(件)

产量控制界限的下限为:370−(2×5)=360(件)

因此,可以认为该生产线在下午1时失去控制。在下午1时,产量跌到了360件以下,它在控制界限以外。

9. 解:应选择由 A 出售的定时器。因为 A 和 B 的爆破平均时间相同,而 A 的标准差大大地小于 B,可以判断其质量相对稳定。

10. 解:

A 项测试:李明的离差是 115 − 100 = 15,其标准化分位值是 15/15 = 1

B 项测试:李明的离差是 425 − 400 = 25,其标准化分位值是 25/50 = 0.5

与其他雇员相比,由于 A 项测试的标准化分位值较高,因此李明的 A 项测试较为理想。

第六章

一、填空题

1. 随机事件、基本事件
2. 可能性、$P(A)$、0、1、1、0
3. 不一定、不一定
4. $\dfrac{21}{46}$(或 0.457)
5. 互不相容($A\cap B=\phi$),共同构成样本空间($A\cup B=\Omega$)
6. $P(A)-P(AB)$
7. 0.88

8. $r-p, q(1-p)$

9. $C_5^4(0.7)^4(0.3)^1=0.36$

10. $\frac{60}{137}$

11. $\int_{-\infty}^{x} p(x)dx$、$p(x)$

12. 均值、平均、偏差平方、离散(偏离)

二、单项选择题

1. C　2. C　3. D　4. C　5. C　6. D　7. D　8. B　9. D　10. C　11. D
12. B　13. A

三、多项选择题

1. BD　2. BC　3. AC　4. AB　5. CD　6. BC　7. BC　8. ABCD　9. BC

四、计算分析题

1. (1) $\because \int_{-\infty}^{+\infty} p(x)dx=1$，　$\therefore \int_{0}^{+\infty} Ax^2e^{-kx}dx=\int_{0}^{+\infty}\frac{A}{k^3}y^2e^{-y}dy=1$

因为指数分布数学期望为：

$$E(X)=\int_{0}^{+\infty} x\lambda e^{-\lambda x}dx=\int_{0}^{+\infty} xd(-e^{-\lambda x})=-xe^{-\lambda x}\Big|_0^{+\infty}+\int_{0}^{+\infty} e^{-\lambda x}dx$$

$$=\frac{1}{\lambda}e^{-\lambda x}\Big|_0^{+\infty}=\frac{1}{\lambda}$$

$$E(X^2)=\int_{0}^{+\infty} x^2\lambda e^{-\lambda x}dx=\int_{0}^{+\infty} x^2d(-e^{-\lambda x})=-x^2e^{-\lambda x}\Big|_0^{+\infty}+2\int_{0}^{+\infty} xe^{-\lambda x}dx$$

$$=\frac{2}{\lambda^2}$$

当 $\lambda=1$ 时，$\int_{0}^{+\infty} x^2\lambda e^{-\lambda x}dx=\frac{2}{1}=2$，　$\therefore \frac{2A}{k^3}=1$，　$A=\frac{k^3}{2}$

(2) $P(0<X<\frac{1}{k})=\int_{0}^{\frac{1}{k}}\frac{k^3}{2}x^2e^{-kx}dx=\frac{k^2}{2}\int_{0}^{\frac{1}{k}}x^2ke^{-kx}dx=\frac{k^2}{2}\int_{0}^{\frac{1}{k}}x^2d(-e^{-kx})$

$$-\frac{5}{2}e^{-1}+1=-2.5\times0.37+1=0.075$$

2.（1）$\bar{A}$　（2）$A\bar{B}\bar{C}$　（3）$\bar{A}(B \cup C)$　（4）$\overline{ABC}$　（5）$A \cup B \cup C$

3. $\frac{3}{25}\times\frac{10}{25}+\frac{7}{25}\times\frac{6}{25}+\frac{15}{25}\times\frac{9}{25}=\frac{207}{625}=0.3312$

4.（1）$\frac{C_3^1P_8^2}{P_9^3}$　（2）$\frac{C_3^1P_4^2}{P_9^3}$　（3）$\frac{C_4^1C_4^1}{P_9^3}$　（4）$1-\frac{C_7^1P_2^2}{P_9^3}$

5. $P(A)=0.8, P(B)=0.4, P(AB)=P(B)=0.4$

$$P(B|A)=\frac{P(AB)}{P(A)}=\frac{0.4}{0.8}=0.5$$

6.（1）$\Phi\left(\frac{4-8}{\sqrt{4.8}}\right)=\Phi\left(\frac{-4}{\sqrt{4.8}}\right)=1-\Phi\left(\frac{4}{\sqrt{4.8}}\right)=1-0.9661=0.0339$

（2）$\Phi\left(\frac{11-8}{\sqrt{4.8}}\right)-\Phi\left(\frac{4-8}{\sqrt{4.8}}\right)=\Phi\left(\frac{3}{\sqrt{4.8}}\right)-\Phi\left(\frac{4}{\sqrt{4.8}}\right)+1$

$=0.9145-0.9661+1=0.9484$

（3）$1-\Phi\left(\frac{6-8}{\sqrt{4.8}}\right)=1-\Phi\left(\frac{-2}{\sqrt{4.8}}\right)=1-1+\Phi\left(\frac{2}{\sqrt{4.8}}\right)=0.8193$

7. 令 X 为股民交易判断正确的次数，则 $X \sim B(100,0.6)$，因此：

$$P(X \geqslant 50)=1-P(X<50)=1-\sum_{x=1}^{49}C_{100}^{x}(0.6)^{x}(0.4)^{100-x}=0.9832$$

第七章

一、填空题

1. 所有单位、全面调查
2. 超几何分布、泊松分布
3. $\upsilon_p=\sqrt{\frac{p(1-p)}{n}}$，$\upsilon_p=\sqrt{\frac{p(1-p)}{n}\left(1-\frac{n}{N}\right)}$
4. $\Delta=t\cdot\sigma$
5. 备择假设
6. 随机、均等
7. 平均数、成数、标准差（方差）
8. 变、参数
9. 越大、越小
10. 点估计、区间估计

11. 无偏性(Unbiasedness)、有效性(Availability)、一致性(Consistent)
12. 区间
13. 统计量
14. 重复抽样、不重复抽样

二、单项选择

1. C　2. D　3. B　4. B　5. C　6. A　7. B　8. B　9. A　10. A　11. D
12. C　13. A

三、多项选择

1. AB　2. ABC　3. BD　4. AB　5. ABCD　6. ABC　7. ABD
8. AC　9. ACDE　10. ABD　11. ABCD　12. ABCDE　13. ABCE

四、判断题

1. √　2. ×　3. ×　4. √　5. ×　6. ×　7. √　8. ×　9. ×　10. √　11. √　12. √　13. ×

五、简答题(略)

六、计算分析题

1. 抽样平均误差为原来的 1/2;
误差扩大为 2 倍时,抽样单位数为原来的 1/4;
当抽样允许误差缩小为原来的 1/2 倍时,抽样单位数是原来的 4 倍。
2. 解:设总体平均值为 μ,已知 $\alpha=0.05$,所以 $U_{0.05}=1.96$。
μ 的置信系数为 0.95 的置信区间是:

$$168-\frac{8}{\sqrt{40}}\times 1.96<\mu<168+\frac{8}{\sqrt{40}}\times 1.96$$

即

$$165.52<\mu<170.48$$

μ 的置信系数为 0.95 的置信区间为[165.52,170.48]。
3. 解:可检验假设:$H_0:\mu\geqslant\mu_0\leftrightarrow H_1:\mu<\mu_0$

检验统计量为:$T=\dfrac{\bar{X}-\mu_0}{S/\sqrt{n}}$

否定域为:$T<-t_\alpha(n-1)$

其中，$\mu_0=10, n=10$

$$\bar{X}=\frac{\sum_{i=1}^{n} X_i}{n}=10.18$$

$$S^2=\frac{\sum_{i=1}^{n}(X_i-\bar{X})^2}{n-1}\approx 0.30,\quad S\approx 0.55$$

则
$$T=\frac{\bar{X}-\mu_0}{S/\sqrt{n}}\approx 1.03$$

而 $\alpha=0.05$，$t_{0.05}(9)=1.833$。故 $T\geqslant -t_\alpha$，不能拒绝原假设，即可以认为装配时间的均值显著地大于10。

4.（1）以95.45%概率推算该批食品重量范围不符合规格要求；

（2）以95.45%概率推算该批食品重量合格率29%以下。

5.（1）极限误差为0.6小时；

（2）应抽取225只灯泡进行测试；

（3）应抽取900只灯泡进行测试；

（4）应抽取400只灯泡进行测试；

（5）略

6. 应以95%的概率才能保证平均每户每月书报费支出在41.08～48.92元之间。

第八章

一、填空题

1. 单相关、复相关、正相关、负相关、线性相关、非线性相关
2. 相关图、相关系数
3. 单相关、负相关
4. 回归、相关
5. 预测值、观测值、回归方程代表性
6. [－1,1]
7. 函数、1或－1
8. 在直线相关

9. 无线性相关关系、正完全线性相关、负完全线性相关
10. 密切程度、回归
11. y 轴上的截距、回归系数、最小平方法
12. 数学变换线性回归
13. 估计标准误差

二、单项选择题

1. A　2. C　3. C　4. C　5. A　6. C　7. A　8. D　9. B　10. B　11. B
12. C　13. B　14. B　15. A　16. B　17. C　18. B　19. D　20. A
21. C　22. D　23. C

三、多项选择题

1. AB　2. ACD　3. AC　4. AC　5. ABCDE　6. BCE　7. ABCDE
8. ABCDE　9. ABDE　10. DE　11. ABCD　12. ACD　13. ABE
14. ACD　15. ADE　16. ABC　17. AB　18. AC　19. AC　20. BC
21. AD　22. ABDE　23. ABCDE　24. AD　25. ACD　26. AC　27. AB

四、判断题

1. ×　2. √　3. ×　4. √　5. ×　6. ×　7. ×　8. ×　9. ×　10. ×
11. ×　12. ×　13. ×　14. ×　15. √　16. √　17. √　18. ×
19. √　20. √　21. ×　22. ×　23. ×　24. √　25. ×　26. ×
27. ×　28. √　29. √　30. ×　31. ×　32. √　33. √

五、简答题(略)

六、计算分析题

1. (1)$r=0.9478$　(2)$y=395.567+0.8958x$　(3)$S_{yx=}126.764$
   (4)1380.947
2. (1)0.9558　(2)$y=20.4+5.2x$　(3)$S_{yx}=6.532$
3. (1)$r=0.91$　(2)$y=77.37-1.82x$　(3)1.82 元
4. (1)$y=-17.92+0.0955x$，29.83　(2)$S_{yx}=0.9299$
   (3)$x=193.257+10.165y$，498.207
5. $y=6.3095+1.6169x_1-0.9578x_2$

第九章

一、填空题

1. 绝对数时间序列、相对数时间序列、平均数时间序列、绝对数、派生

2. 反映时间变化的序列、反映指标数值变化的序列

3. 逐期、累计、累计增长等于相应逐期增长量之和

4. 时期序列、时点序列、时期、时点

5. 35.24%

6. 环比发展速度、定基发展速度、环比发展速度的连乘积等于相应的定基发展速度

7. 定基、环比

8. $\sqrt[5]{\frac{459}{200}}-1$

9. 几何平均法

10. 406.8%×205%−1=733.94%(或 7.3394 倍)

11. 季节变动

12. 季节变动

13. $\sum y = na + b\sum t \qquad \sum ty = a\sum t + b\sum t^2$

二、单项选择题

1. B　2. B　3. D　4. B　5. B　6. C　7. C　8. D

9. A　10. A　11. A　12. B　13. C　14. B　15. C

三、多项选择题

1. BCDE　2. BD　3. CDE　4. ACD　5. ABD

6. ABCE　7. ADE　8. ACD　9. ABC　10. ABCDE

四、判断题

1. ×　2. ×　3. ×　4. ×　5. ×　6. ×　7. √

8. ×　9. √　10. ×　11. √　12. ×　13. √

五、简答题(略)

六、计算分析题

1. 解：$\bar{a}=\frac{\sum af}{\sum f}=\frac{250\times3+262\times12+258\times5+252\times8+259\times3}{3+12+5+8+3}$

$=257.3$(人)

2. 解：(1)这属于等间隔的时点序列。

(2) $$\bar{a}=\frac{\frac{a_0}{2}+a_1+\cdots+a_{n-1}+\frac{a_n}{2}}{(n+1)-1}$$

第一季度平均现金库存额：

$$\bar{a}=\frac{\frac{500}{2}+480+450+\frac{520}{2}}{3}=480(\text{万元})$$

第二季度平均现金库存额：

$$\bar{a}=\frac{\frac{500}{2}+550+600+\frac{580}{2}}{3}=566.67(\text{万元})$$

上半年的平均现金库存额：

$$\bar{a}=\frac{\frac{500}{2}+480+\cdots+550+600+\frac{580}{2}}{6}=523.33(\text{万元})$$

或 $$\bar{a}=\frac{480+566.67}{2}=523.33(\text{万元})$$

该银行 2020 年第一季度平均现金库存额为 480 万元，第二季度平均现金库存额为 566.67 万元，上半年的平均现金库存额为 523.33 万元。

3. 解：这是间隔不等的间断时点数列。

(1)第一季度平均人数：

$$\bar{a}=\frac{\frac{1002+1050}{2}\times1+\frac{1050+1020}{2}\times2}{1+2}=1032(\text{人})$$

(2)上半年平均人数：

$$\bar{a}=\frac{\frac{1002+1050}{2}\times1+\frac{1050+1020}{2}\times2+\frac{1020+1008}{2}\times3}{1+2+3}=1023$$

4.

某企业 2020 年上半年的产量和成本资料计算表

	1 月	2 月	3 月	4 月	5 月	6 月	合计
产量(件)c	2000	3000	4000	3000	4000	5000	21000
单位成本(元)a	73	72	71	73	69	68	—
总成本(万元)$b=a\times c$	14.6	21.6	28.4	21.9	27.6	34.0	148.1

解：产品总产量：$\sum c=2000+3000+4000+3000+4000+50000$

$=21000$(件)

产品总成本：$\sum b=14.6+21.6+28.4+21.9+27.6+34.0$

$=148.1$(万元)

平均单位成本：$\bar{a}=\frac{\sum b}{\sum c}=\frac{148.1\times10000}{21000}=70.52$(元)

或 $$\bar{a}=\frac{\bar{b}}{\bar{c}}=\frac{\frac{148.1}{6}\times10000}{\frac{21000}{6}}=70.52(元)$$

该企业 2020 年上半年的产品平均单位成本为 70.52 元。

5.(1)计算表如下：

某地区 2016—2020 年国民生产总值数据

		2016 年	2017 年	2018 年	2019 年	2020 年
国民生产总值(亿元)		40.9	45.11	68.5	58	61.9
发展速度(%)	环比	—	110.29	151.85	84.67	106.72
	定基	—	110.29	167.48	141.81	151.34
增长速度(%)	环比	—	10.29	51.85	−15.33	6.72
	定基	—	10.29	67.48	41.81	51.34

(2) $\bar{a}=\frac{\sum a}{n}=\frac{40.9+45.11+68.5+58+61.9}{5}=54.88$(万元)

(3) 平均发展速度:$\bar{a}=\sqrt[n]{\frac{a_n}{a_0}}=\sqrt[4]{\frac{61.9}{40.9}}=1.1091=110.91\%$

平均增长速度=平均发展速度-1=110.91%-1=10.91%

该地区2016—2020年间的平均每年创造国民生产总值54.88亿元，2016—2020年期间国民生产总值的平均发展速度为110.91%,平均增长速度为10.91%。

6. 解:平均在业人口数:

$$\bar{b}=\frac{\frac{b_0}{2}+b_1+\cdots+b_{n-1}+\frac{b_n}{2}}{(n+1)-1}=\frac{\frac{280}{2}+285+280+\frac{270}{2}}{3}=280(万人)$$

平均劳动力资源人口数:

$$\bar{c}=\frac{\frac{c_0}{2}+c_1+\cdots+c_{n-1}+\frac{c_n}{2}}{n}=\frac{\frac{680}{25}+685+684+\frac{686}{2}}{3}=684(万人)$$

平均比重:

$$\bar{a}=\frac{\bar{b}}{\bar{c}}=\frac{280}{684}=40.94\%$$

该地区第四季度在业人口数占劳动力资源人口数的平均比重为40.94%。

7.

某企业第四季度总产值和劳动生产率资料计算表

	9月	10月	11月	12月
工业总产值(万元)b	123	150	166	164
月末职工人数(人)c	204	200	208	204

这是根据相对数时间序列计算平均发展水平。

(1)第四季度月平均劳动生产率:$\bar{a}=\frac{平均月产值}{月平均人数}=\frac{\bar{b}}{\bar{c}}$

$$\bar{b}=\frac{(150+166+164)\times 10000}{3}=1600000(元)$$

$$\bar{c}=\frac{\frac{204}{2}+200+208+\frac{204}{2}}{3}=204(\text{人})$$

$$\bar{a}=\frac{\bar{b}}{\bar{c}}=\frac{1600000\text{ 元}}{204(\text{人})}=7843.14(\text{元/人})$$

(2)第四季度劳动生产率：

$$\bar{a}=\frac{\text{季度产值}}{\text{季平均人数}}=\frac{\sum b}{\bar{c}}=\frac{(150+166+164)\times 10000}{204}$$

$$=23529.41(\text{元 / 人})$$

8.

某公司 2010—2020 年的产品销售趋势线参数计算表

年份	时间顺序 t	销售额(万元)y	t^2	ty
2010	1	80	1	80
2011	2	83	4	166
2012	3	87	9	261
2013	4	89	16	356
2014	5	95	25	475
2015	6	101	36	606
2016	7	107	49	749
2017	8	115	64	920
2018	9	125	81	1125
2019	10	134	100	1340
2020	11	146	121	1606
合计	66	1162	506	7684

解：设直线趋势方程为：$y_t=a+bt$

$$b=\frac{n\sum ty-\sum t\cdot\sum y}{n\sum t^2-(\sum t)^2}$$

$$=\frac{11\times 7684-33\times 1162}{11\times 506-66^2}=6.47$$

$$a=\frac{\sum y-b\sum t}{n}$$

$$=\frac{1162-6.47\times 66}{11}=66.82$$

产品销售量的趋势直线为：$y_t=66.82+6.47t$

$$y_{2022}=66.82+6.47\times13=150.93(\text{万元})$$

9.

某市某产品连续四年各季度的出口额资料及季节比率计算表(单位:万元)

	第一年	第二年	第三年	第四年	同季合计	同季平均	季节比率(%)
一季	16.00	28.00	45.00	50.00	139.00	34.75	101.70
二季	2.00	4.30	7.10	5.10	18.50	4.63	13.54
三季	4.00	6.70	14.20	16.80	41.70	10.43	30.51
四季	51.00	77.50	105.00	114.00	347.50	86.88	254.26
合计	73.00	116.50	171.30	185.90	546.70	136.68	400.00
季平均	18.25	29.13	42.83	46.48	—	34.17	—

从上表中可以看出，该市该产品的出口额变动呈现出比较明显的季节波动。在一年当中，第一季度和第四季度是出口旺季，特别是第四季度达到全年最高点，季节指数为254.62%，第二季度 和第三季度是出口淡季，第二季度是全年最低点，季节指数为13.54%。企业应根据该产品的出口季节变动组织生产，特别是要注意为第一季度和第四季度的出口准备好货源。

第十章

一、填空题

1. 指数
2. 数量指标指数、质量指标指数
3. 综合指数、平均指数
4. 数量指标、报告期
5. 质量指标、基期
6. 个体指数、总指数
7. 环比指数、定基指数
8. 总体结构
9. 6.48%

10. 指数体系

二、单项选择

1. C 2. D 3. B 4. B 5. D 6. D 7. C 8. C 9. C 10. D
11. D 12. D 13. B 14. B 15. A

三、多项选择题

1. ACDE 2. ABD 3. ABE 4. ABCD 5. DE 6. ABCDE 7. ABCD
8. AC 9. ABD 10. CD 11. BD 12. AD 13. BCD 14. ACDE
15. ABCDE

四、判断题

1. × 2. √ 3. × 4. √ 5. × 6. √ 7. × 8. × 9. × 10. ×
11. √ 12. ×

五、简答题(略)

六、计算分析题

1. 解:根据题意可知:

$$社会商品零售额指数=\frac{\sum p_1q_1}{\sum p_0q_0}=73600/75200=97.87\%$$

$$零售物价指数=1-0.8\%=99.2\%$$

$$零售量指数=\frac{\sum p_1q_1}{\sum p_0q_0}\div\frac{\sum p_1q_1}{\sum p_0q_1}=97.87\%/99.2\%=98.60\%$$

73600×(1−1/99.2%)=−593.5(万元)

由零售物价下跌而使居民少支出的金额为593.5万元。

2. 解:由已知条件可得:

$$销售额指数=\frac{\sum p_1q_1}{\sum p_0q_0}=117.4\%$$

$$增加销售额=\sum p_1q_1-\sum p_0q_0=27150(元)$$

(1)销售量指数$=\dfrac{\sum p_0q_1}{\sum p_0q_0}=109.6\%$

销售量变动影响增加销售额$=\sum p_0q_1-\sum p_0q_0=15000$(元)

(2)价格指数$=\dfrac{\sum p_1q_1}{\sum p_0q_1}=107.1\%$

价格变动影响增加销售额$=\sum p_1q_1-\sum p_0q_1=12150$(元)

(3)综合影响:117.4%=109.6%×107.1%

27150=15000+12150

(4)综合分析:从相对角度来看,三种商品销售额提高了17.4%,是由于商品价格上涨7.1%和销售量提高9.6%共同造成的;从绝对角度来看,由于价格上涨使销售额增加了12150元,由于销售量提高使销售额增加了15000元,二者共同使销售额增加了27150元。

3. 解:由题中所给资料可得:

$$总产值指数=\frac{\sum p_1q_1}{\sum p_0q_0}=\frac{263700}{242000}=108.97\%$$

$$增加总产值=\sum p_1q_1-\sum p_0q_0=21700(元)$$

(1)产量指数$=\dfrac{\sum p_0q_1}{\sum p_0q_0}=\dfrac{250800}{242000}=103.65\%$

产量变动影响增加总产值$=\sum p_0q_1-\sum p_0q_0=8800$(元)

(2)出厂价格指数$=\dfrac{\sum p_1q_1}{\sum p_0q_1}=\dfrac{263700}{250800}=105.14\%$

出厂价格变动影响增加总产值$=\sum p_1q_1-\sum p_0q_1=12900$(元)

(3)综合影响:108.97%=103.65%×105.14%

21700=8800+12900

(4)综合分析:从相对角度来看,三种产品总产值提高了8.97%,是由于出厂价格上涨5.14%和产量提高3.65%共同造成的;从绝对角度来看,由于出厂价格上涨使总产值提高了12900元,由于产量提高使总产值提高8800元,二者共同使总产值提高了21700元。

4. 解:计算结果如下表。

水果品种	本月销售额 p_1q_1	本月比上月价格增减(%)	k_p	$\frac{1}{k_p}p_1q_1$
苹果	68	−10	0.9	75.56
草莓	12	12	1.12	10.71
橘子	50	2	1.02	49.02
合计	130	—	—	135.29

$$价格指数=\frac{\sum p_1q_1}{\sum \frac{1}{k_p}p_1q_1}=\frac{130}{135.29}=96.09\%$$

价格变动使居民减少的开支:130−135.29=−5.29万元

因此,由于三种水果价格下降3.91%,使居民消费支出减少了5.29万元。

5. 解:计算结果如下表。

工厂名称	单位产品成本(元)		产量(吨)		生产费用总额(元)		
	上月	本月	上月	本月	x_0f_0	x_1f_1	x_0f_1
	x_0	x_1	f_0	f_1			
一厂	960	952	4650	4930	4464000	9693360	4732800
二厂	1010	1015	3000	3200	3030000	3248000	3232000
三厂	1120	1080	1650	2000	1848000	2160000	2240000
合计	—	—	9300	10130	9342000	15101360	10204800

$$可变构成指数=\frac{\sum x_1f_1/\sum f_1}{\sum x_0f_1/\sum f_1}=\frac{1490.76}{10204800/10130}=\frac{1490.76}{1007.38}=147.98\%$$

1490.76−1400.52=486.24元

$$固定构成指数=\frac{\sum x_1f_1/\sum f_1}{\sum x_0f_0/\sum f_0}=\frac{15101360/10130}{9342000/9300}=\frac{1490.76}{1004.52}=148.41\%$$

1490.76－1007.38＝483.38 元

$$结构影响指数=\frac{\sum x_0 f_1/\sum f_1}{\sum x_0 f_0/\sum f_0}=\frac{1007.38}{1004.52}=100.28\%$$

1007.38－1004.52＝2.86 元

指数体系：可变构成指数＝固定构成指数×结构影响指数，即：

147.98%＝148.41%×100.28%

486.21＝483.38＋2.86

因此，总的单位成本上涨了 47.98%，平均每吨产品成本增加了 486.21 元。主要原因在于各厂的单位成本平均上涨了 48.41%，使单位成本总体增加了 483.38 元；同时，由于各厂产量结构变动不大，仅增长 0.28%，使单位成本提高了 2.86 元。可见，总的单位成本上涨是受各厂单位成本和产量结构共同影响的。

第十一章

一、填空题

1. 样品、指标
2. 数据的中心化、数据的正规化、数据的标准化
3. 相似系数
4. 1 或－1、0、距离
5. 方差分析
6. 越大越好、越小越好
7. 力保数据信息丢失最少、降维
8. 相互无关、主成分、线形组合、互不相关
9. 累积贡献率
10. 80%
11. 因子分析
12. 显在变量、潜在变量
13. 公共因子、特殊因子

二、单项选择题

1. A　2. B　3. D　4. C　5. B　6. A　7. C　8. D　9. B　10. A　11. C　12. D

三、多项选择题

1. AB　2. AD　3. ACD　4. ABCD　5. AC　6. ABCD　7. ABCD
8. AB　9. AD　10. CD　11. BC

四、判断题

1. ×　2. √　3. √　4. ×　5. √　6. √　7. √　8. ×　9. ×　10. √

五、简答题(略)

六、计算分析题

1. 由协方差矩阵出发求其特征值，即求下式 λ 的解。

$$|\Sigma-\lambda I|=0$$

$$\lambda_1=5.83,\quad \lambda_2=2.00,\quad \lambda_3=0.17$$

相应的正交特征向量为：

$$u_1=\begin{pmatrix}0.383\\-0.924\\0.000\end{pmatrix},\quad u_2=\begin{pmatrix}0\\0\\1\end{pmatrix},\quad u_3=\begin{pmatrix}0.924\\0.383\\0.000\end{pmatrix}$$

特征值的累积贡献率为：

$$5.83/(5.83+2.00+0.17)=0.72875$$

$$(5.83+2.00)/(5.83+2.00+0.17)=0.97875$$

可见，取两个主成分可以解释原来方差的97.875%的信息了。

$$\rho(y_1,x_1)=0.383\times\sqrt{5.83}=0.925$$

$$\rho(y_1,x_2)=-0.924\times\sqrt{5.83}/\sqrt{5}=-0.998$$

$$\rho(y_1,x_3)=0\times\sqrt{5.83}=0$$

$$\rho(y_2,x_1)=0\times\sqrt{2.00}=0$$

$$\rho(y_2,x_2)=0\times\sqrt{2.00}=0$$

$$\rho(y_2,x_3)=1\times\sqrt{2.00}/\sqrt{2}=1$$

可见第一主成分是综合了第一、第二个原始变量的新变量，而第二主成分只保留了第三个原始变量的信息。从原始变量的协方差阵可见,第一、第二个原始变量与第三个原始变量间是相互不相关的,因而他们的信息至少分别由两个主成分才能解释。

2.(1)因子载荷。其统计意义是 a_{ij} 表示第 i 个变量与第 j 个公共因子之间的相关系数。

(2)$h_1^2=(0.969)^2+(0.01084)^2+(0.205)^2=0.9811035$

$h_2^2=(0.911)^2+(0.321)^2+(0.102)^2=0.943366$

$h_3^2=(0.847)^2+(0.120)^2+(0.323)^2=0.836138$

$h_4^2=(0.941)^2+(0.281)^2+(0.02693)^2=0.9651672$

$h_5^2=(0.899)^2+(0.215)^2+(0.01963)^2=0.8548113$

其统计意义是表示由公共因子解释的第 i 个变量的方差比例。

F_1 的方差贡献为:

$$0.909^2+0.911^2+0.847^2+0.941^2+0.899^2=4.179973$$

F_2 的方差贡献为:

$$0.01084^2+0.321^2+0.120^2+0.281^2+0.215^2=0.2427445$$

F_3 的方差贡献为:

$$0.205^2+0.102^2+0.323^2+0.02693^2+0.01963^2=0.1578686$$

其统计意义是第 i 个公共因子对所有变量的方差贡献,表示由第 i 个公共因子所解释的变量的方差。

$$(3)X=\begin{pmatrix}X_1\\X_2\\X_3\\X_4\\X_5\end{pmatrix}=\begin{pmatrix}0.969 & -0.01084 & 0.205\\0.911 & 0.321 & -0.102\\0.847 & -0.120 & 0.323\\0.941 & 0.281 & -0.02693\\0.899 & 0.215 & -0.1963\end{pmatrix}\begin{pmatrix}F_1\\F_2\\F_3\end{pmatrix}+\varepsilon$$